住宅設計と環境デザイン

小泉雅生 著

本書を発行するにあたって、内容に誤りのないようできる限りの注意を払いましたが、本書の内容を適用した結果生じたこと、また、適用できなかった結果について、著者、出版社とも一切の責任を負いませんのでご了承ください。

本書に掲載されている会社名・製品名は一般に各社の登録商標または商標です。

本書は、「著作権法」によって、著作権等の権利が保護されている著作物です。本書の複製権・翻訳権・上映権・譲渡権・公衆送信権（送信可能化権を含む）は著作権者が保有しています。本書の全部または一部につき、無断で転載、複写複製、電子的装置への入力等をされると、著作権等の権利侵害となる場合があります。また、代行業者等の第三者によるスキャンやデジタル化は、たとえ個人や家庭内での利用であっても著作権法上認められておりませんので、ご注意ください。
本書の無断複写は、著作権法上の制限事項を除き、禁じられています。本書の複写複製を希望される場合は、そのつど事前に下記へ連絡して許諾を得てください。

(社)出版者著作権管理機構
(電話 03-3513-6969、FAX 03-3513-6979、e-mail：info@jcopy.or.jp)

JCOPY ＜(社)出版者著作権管理機構 委託出版物＞

はしがき

「エネルギーの使用の合理化に関する法律」(省エネ法)が改正され、いよいよ住宅における断熱義務化にむけての動きが始まった。そのような状況のもとで、環境デザインに焦点をあてた住宅設計に関わる書籍を書くこととなった。

なぜ、今、環境なのか、ということに関しては、多言を要さないだろう。また、すでに設計実務レベルでの解説書もたくさん出版されている。しかし、設計者のほうはといえば、まだまだ戸惑っている部分が大きいだろう。住宅は、まず建築家としてのスタートを切るための入り口となるビルディングタイプである。にもかかわらず、環境を意識して、制約の多い設計をしなければならない状況となっている。若手の設計者からすれば、いつの間にかハードルがあげられて、チャンスを遠ざけられてしまったかのような思いを持つかもしれない。

しかし、環境デザインとは、特殊なことが求められているわけではない。現在では建築において環境を取り扱う分野は環境工学と呼ばれるが、以前は「計画原論」という用語が用いられていた。計画を行う上でのベースとなる事項を取り扱うという趣旨である。本書で取り上げているのも、高度な技術を解説するのではなく、住宅を計画する上で当たり前ともいえるようなことが中心である。環境デザインとは、あくまでベーシックなものであり、それほど構える必要はないはずである。

さらに、本書では、各節での事例として、環境配慮という視点からユニークな建築デザインへと発展・展開させた住宅を取り上げている。設計者が表立ってそのことに触れていなくとも、実は、環境への配慮が、デザインのきっかけとして重要な位置づけを占めているものも少なくない。制約としてではなく、可能性を切り拓くキーとして、前向けに位置づけられるということである。それらの好例を参考にして、住宅における環境デザインの可能性を追求していただければと思う。

とはいえ、大上段に振りかざすほどの論やストーリーがあるわけではない。計画や設計の各段階で、折りに触れ、パラパラと参照していただければ十分である。「環境」という言葉に抵抗を感じかねない、若手もしくは経験の浅い設計者に向けた解説本というイメージであるが、意識の高い住宅のクライアントや建築を志す学生にも参考となるだろう。住宅設計を進めていく上での参考書として受け止めていただければ幸いである。

2014 年 12 月

小泉 雅生

目次

1 快適な住まいを目指して 1
- 1-1 環境に配慮した住宅の背景 2
- 1-2 本書のスタンス 6
- 1-3 本書の構成・使い方 9

2 敷地を読む 12
- 2-1 敷地の気象データを集める 14
- 2-2 敷地周辺の微気候、微地形を調べる 18

3 ヴォリュームをスタディする 22
- 3-1 法的規制に基づくヴォリューム形状 24
- 3-2 配棟形式とヴォリューム形状 28

4 平面を計画する 32
- 4-1 リビングの設置階 34
- 4-2 リビングと方位 38
- 4-3 リビングと諸室のつながり 42
- 4-4 キッチンとダイニング 46
- 4-5 個室の独立性 50
- 4-6 ライフステージと個室 54
- 4-7 水まわりでの安全性 58

- 4-8 動線空間の計画 ... 62
- 4-9 緩衝のための領域 ... 66

5 断面を計画する ... 70
- 5-1 天井の高さと形状 ... 72
- 5-2 垂直要素としての階段と吹き抜け ... 76
- 5-3 環境装置としての屋根 ... 80
- 5-4 床の高さ ... 84

6 内装・外装を考える ... 88
- 6-1 基本としての断熱性能を確保する ... 90
- 6-2 熱を蓄える ... 94
- 6-3 日射・熱を遮蔽する ... 98
- 6-4 湿気をコントロールする ... 102
- 6-5 遮音・吸音性能を備える ... 106
- 6-6 すきま風を防ぐ ... 110
- 6-7 素材のテクスチュア ... 114
- 6-8 素材の環境影響 ... 118

7 開口部 ... 122
- 7-1 開口部の性能確保 ... 124
- 7-2 開口部の配置 ... 128
- 7-3 開口部の大きさと形式 ... 132
- 7-4 開口部へのアタッチメント ... 136
- 7-5 室内建具 ... 140

8 設備機器 ... 144
- 8-1 高効率機器を採用する ... 146
- 8-2 冷暖房、特に暖房を考える ... 150

8-3	自然エネルギーを活かしたアクティブ環境制御	154
8-4	換気計画と空気の流れ	158
8-5	給水・給湯と衛生機器	162
8-6	照明計画	166
8-7	創エネ機器、防災対応機器	170

9 周辺環境 ... 174

9-1	微気候を制御する	176
9-2	周囲と良好な関係を築く	180

10 事例 ... 184

10-1	アシタノイエ	187
10-2	創エネハウス	195
10-3	LCCM 住宅デモンストレーション棟	203

1

快適な住まいを目指して

　様々な局面で、**21世紀は環境の世紀**であるといわれる。建築分野でも環境を意識した建物が求められる状況となっている。事実、環境に関わる様々な基準が定められつつある。しかし、それらの基準に則ってさえいれば、環境に配慮した住まいができるというわけではない。基準というものは、概して一面的である。それを形式的に守っただけでは、正しい建築はできるかもしれないが、必ずしもよい建築となるわけではない。**内なる居住者と外なる周辺の双方が快適だと受け止められるような住まい**を実現するには、居住者のニーズやライフスタイルに沿いつつ、様々なレベルの環境に配慮していくことを考えていかねばならない。

　本章では、環境に配慮した快適な住まいが求められる社会的な背景と、その課題および可能性について、さらにその実現のための具体の設計手法を示す本書の構成や使い方を述べていく。

1-1 環境に配慮した住宅の背景

-1 環境への意識の高まりと省エネ法の改正

　かつて **1970 年代に石油ショック**があった際、**省エネルギー**という概念が大きくクローズアップされた。現在では、**地球温暖化**という観点から、より広範な**環境への配慮**が求められる社会状況となっている。2013 年には「エネルギーの使用の合理化に関する法律」（**省エネ法**）が改正され、建築分野においても、より高いレベルの環境配慮が求められることとなった。住宅分野では、**2020 年に所定の断熱性能が義務化**されることが示され、そのための議論がなされている。もはや、好むと好まざるとに関わらず、住宅を設計するにあたって、環境を意識することが不可欠なところに追い込まれつつある。設計者にも、そのような社会状況を踏まえた上での振る舞いが求められる。しかし、多くの設計者は、こういった状況を前にして、気乗りのしない新たな宿題を課せられたような気分となっているのではないだろうか。

　建築基準法には、個別の建物における安全性や衛生に関わる**単体規定**と、それらの建築と周辺との関係に関わる**集団規定**とがある。単体規定には居室における有効採光面積の確保などがあり、衛生的で健康な生活を守るための基準が示されている。一方、集団規定として容積率・建蔽率、斜線制限などが挙げられ、他者とのバランスの中で個々の建物が制約を受けるということが示されている。

　断熱に関わる規定は、居住者の快適性に資するという点で、有効採光と同じく、個別の建物に対する単体規定として理解することができる。しかし、そこで目指されているのは社会全体でのエネルギー消費の適切化であり、その先の地球環境の維持である。逆に、そのような大きな価値を達成するという観点から、個別の住宅建築であっても、一定の義務を負う、もしくは制約を受けることが示されているともいえよう。そう考えると、**断熱性能に関わる規定は、単体規定であると共に、集団規定的な意味合いも併せ持つ**ものなのである。

　これまで、環境に関わる性能確保は、設計者の判断に委ねられる部分が大きかった。従来の断熱に関わる基準は、あくまで優遇措置を受けるための手段であり、適用を受けなければ特段意識することもなかった。その点は構造に関わる性能確保との大きな違いであろう。しかし、断熱義務化を機に、実質的な制約を課

されることとなる。日々の生活に結びついている住宅建築における環境配慮は、居住者の意識や振る舞いに訴えかけるという点で、社会全体のエネルギー使用の適切化に重要な役割を果たす。住宅に関わる設計者の意識の変革が求められる。

-2　居住者のニーズ

　一方、住宅のエンドユーザーである居住者側からみた環境配慮を考えてみたい。住宅が人間の生活を包む器だとすると、そこに求められる役割は、同じように**身体を被う機能を持つ衣服になぞらえられる**（参照▶6章）。衣服の役割には様々あるが、物理的役割、社会的役割、美的役割といったものが挙げられる[1]。

　衣服が果たす物理的な役割として、身体を保護し、身体の動きにフィットし、身体にとって必要な環境を担保することがある。住宅に置き換えれば、家の中での各自の**アクティビティに対応**していること、**快適な室内環境を確保**することにつながる。具体的に見れば、諸室および諸室の関係が適切に計画されており、それぞれにおいて光・温熱・音といったフィジックスが適切に制御されていることとなろう。

　社会的な役割としては、社会規範や通念としてのTPOを守るといった役割が求められる。住宅においても、法規や周辺を意識した振る舞いが求められる。**プライバシーの確保や街並みとの調和**といった周辺環境への配慮につながるものである。

　このように見てくると、生活を包みこむ器としての住宅が、物理的、社会的な役割を果たすことは、**室内環境確保と周辺環境への配慮に密接に結びついている**ことが理解されよう。

　実際の設計を行っていく上で、クライアントからは、必ずといっていいほど冬暖かく夏涼しい家にしてほしいとの要望を出される。仮にそのような要望が出されなかったとしても、そこへの配慮が足りなければ、後で必ず文句をいわれることとなる。環境は、居住者の生活に密接に結びついた概念なのである。事実、断熱性能の高い住宅では風邪を引きにくい、というデータもある[2]。逆にいうと断熱が不十分だと健康を害しやすいということである。設計を進める上での重要なファクターとして環境を位置づけていく必要があろう。

　物理的、社会的な役割を踏まえた上で、衣服においては、さらに工夫を凝らしたコーディネートがなされ、個々の美的表現へと結びついていく。住宅において

も同様に、物理的、社会的な役割を踏まえた上で**個々の居住者にカスタマイズし、空間デザインへと反映されること**が求められる。自由を奪う拘束衣となってはいけないのである。

すなわち、居住者の視点からみれば、環境配慮の工夫やアイディアが、空間デザインへと昇華され、快適なもう一つの衣服となることが期待されるのである。

-3　環境に配慮した住宅とは

上記のように、住宅設計における環境配慮は、**法的規制という外的な要因**と、**居住者の生活上の要望**と、双方からプレッシャーをかけられる状況となっている。もはや環境配慮に関わる外堀は埋められている。設計者も逃げてばかりはいられまい。そろそろ、正面から向き合わねばならないはずである。

では、そもそも、環境に配慮した建築とはどのようなものなのか。実は、これが意外とやっかいである。ひとつは「環境」という言葉の指し示す範囲が広範、曖昧であることに起因する。環境問題として取り上げられるような**地球環境**と、もう少し近い範囲の近隣などを対象とした**周辺環境**と、さらに住宅内部での**室内環境**と、スケールの異なるものに対して同じ「環境」という用語が用いられる。「環境配慮」といったときに、**どのスケールでの環境をターゲットとしているのか**がはっきりしないことが多いのである。本当はこれらのスケールの違う環境を連続的なものとしてとらえる姿勢が大切なのであるが、実際には混乱を招く原因となっている。

次に具体的な環境配慮に関わる対策という観点からは、**都市や近隣**で対策されるべきもの、個別の**建築空間**で対策がなされるもの、**機器**でなされるもの、といった様々なレベルがある。たとえば通風の確保といっても、街区単位での配置・配棟の工夫、室単位での開口配置の工夫、換気扇や送風機の設置、といった形で**様々なレベルでの工夫**が考えられる。計画条件に応じて、それらを組み合わせていくこととなるが、どのようにバランスをとっていくべきなのか、きわめてわかりにくい。ともするとそのどれかを無視したり、どれか一つだけで解決しようとしたりすることになりがちである。**異なるレベルでの環境配慮対策の存在**が、具体的に何をすべきかをわかりにくくしている部分もあるだろう。

そもそも、ターゲットとされる環境要素を、認識・把握すること自体、容易ではない。室内環境を構成するフィジックスのうち、光は視覚的にとらえられるが、

空気の流れや温湿度、音環境などは、人間の目には見えないし、普通の写真には映らない。したがって、その空間で適切な環境が実現しているのかどうかを理解し、また**他者に伝えていくこと自体が困難**である。近隣への配慮や地球環境への影響などは、さらに認識しづらいだろう。環境に対するリテラシーを育むこと自体が容易ではないのである。しかし、室内環境に関しては、実際に体感できるという意味では、きわめてわかりやすいともいえる。数値に惑わされず、人間としての感覚を大事したいところである。

さらにやっかいなのは、環境配慮の様々な技術・アイディアの中で、**トレードオフ**とでもいうような関係が生じることである。たとえば、温熱環境の確保と光環境に対する工夫とは、しばしば相反する。音環境と通風環境も同様である。どちらかを優先するとどちらかが妨げられるという関係である。だから**設計者がそれらのバランスを見極めなければならない**。何を評価軸としてバランスを決めるのか、非常に難しい。工学的には、エネルギー消費量を軸とするのが明快だが、実際には心理面を含めた快適性や機能面での合理性なども考慮されるべきだろう。また、建設コストとの間でトレードオフの関係が発生するという部分もある。エネルギー消費量だけで優劣を語る単純な話ではない。

-4　快適な住まいを目指して

こういった制約や困難を乗り越え、環境に配慮した住宅の設計を進めていくこととなる。環境工学的には、獲得されるべき室内環境の条件やその実現のための手法ははっきりしているかもしれない。しかし実際の設計プロセスでは、教条主義的にこれが正しい、絶対これをやるべき、ということにはならない。その他のファクターもいろいろ絡んでくるので、それだけを金科玉条のごとく守ったところで、正しいかもしれないが、適切ではないという事態となる。

様々なスケール、様々なレベルにわたり、場合によっては**相反するような配慮事項**を、居住者のライフスタイルや、敷地条件、コスト条件などを勘案して、**設計者がバランスをとって判断をする**こととなる。何とも歯切れが悪いが、これが環境に配慮した住宅の実状なのである。逆にそこが、単に基準や規定に従うのではない、設計者のオリジナリティや創造性が発露されるポイントであるともいえる。様々な条件が錯綜する状況のもとで、環境配慮という視点を空間デザインに昇華していくこと、そこに快適な住まいが実現するのである。

1-2　本書のスタンス

-1　これから住宅を設計する人に向けて

　環境配慮建築に関わる書籍は、環境工学の教科書をはじめとして、数多く出版されている。しかし、その多くは、設計者の視点とは異なり、アカデミックな視点からなされたものである。環境工学の教科書は網羅的かつ理論に詳しいが、実際に設計をする段階で具体的に何をすべきかについては、かえってよくわからなくなってしまう。

　ここでは、実地の設計に反映すべく、**設計者の目線で環境配慮を考える**こととしたい。特に経験の浅い設計者が、住宅を設計する際に参考にできるような書籍となることをイメージしている。もちろん、建築設計を志す学生が住宅設計課題の副読本として利用することも考えられよう。環境工学がかつて計画原論と呼ばれていたことからわかるように、環境を考慮した設計手法とは、きわめて常識的で基本的な事項でしかない。したがって、熟練した設計者にとっては、当たり前の事項であり、今更という感もあるだろう。しかし、経験の浅い設計者、もしくは意識の高い居住者にとっては、基本的な事項であっても、それらが概観できるようにまとめて示されていることは、十分な意味を持つだろう。

　本書は、環境工学の教科書ではないので、網羅的でもないし、アカデミックな意味合いでの厳密さを求めるものでもない。したがって、種々の理論の解説も行っていない。より高度なあるいは効果的な手法があっても、実際に採用するにはコストやメンテナンスの制約が大きいような事項には触れていない。あくまで設計をしていく上で有用な情報を記載するというスタンスである。理論的なことを知りたければ、環境工学の教科書をあたってほしいし、特殊解を知りたければその分野の専門書を参考にしていただきたい。

　一方で、建築のいわゆるコンセプトを述べようとする書籍でもない。環境配慮という概念を前面に掲げ、その理念を伝えていくことを目指しているわけではない。あくまで実務的な解説を行い、個別の事項を読み進めていく中で、環境配慮の理念や精神が伝わるだろうという考えである。学者が書くアカデミックな本でもなく、建築家によるコンセプチュアルな本でもない。でも、環境配慮の様々な項目が、高次のコンセプトを導き出す手がかりとなるかもしれない。イメージを

膨らませつつ読み進め、**建築空間を構想するためのヒント**としていただくことを期待している。

-2　環境への配慮を中心に

　2章以降で取り上げる住宅設計に関わる数多くの留意事項は、環境に関わるものを中心としている。先に述べた様々なスケール（地球環境、近隣環境、室内環境）、様々なレベル（近隣、建築、機器）での環境に関わる事項を、幅広く取り上げている。したがって、熱・エネルギーだけでなく、いわゆる**建築物理―フィジックス全般（熱、光、空気、音）**、さらに**近隣との関係、街並みといった周辺環境や外構計画**も含むものとしている。

　一方で、構造躯体に関わるものは、節として取り上げていない。構造材料（木造、RC造、鉄骨造）、構造方式・構法（軸組、2×4、組積、壁構造、ラーメンなど）をどうするべきか、経験の浅い設計者にとっては悩ましいところであろう。しかし、それを分析して解説するだけで、膨大な紙面を要する。ここでは材料自体の環境負荷の違いや構造種別や構法に伴う室内環境の活かし方など、環境に関わる部分のみ、個別に触れるに留めている。

-3　並列的に

　環境という観点から配慮すべき事項は多岐にわたる。また、前節で述べたように、トレードオフの関係にある事項も少なくない。また、ある敷地において効果があるが、別の敷地条件ではあまり有効ではないといった事項もある。したがって、絶対的に正しいひとつの手法に収斂するということではないだろう。

　そこで本書では、**様々な方向性を持った手法を並列して提示**し、それぞれの手法での利点や課題、さらに発展、展開していきそうな可能性を解説するというスタイルをとっている。一つの解が示されているわけではないので、まどろっこしく感じられるかもしれない。どれを選択するかは、敷地条件や居住者のライフスタイルなどを勘案して設計者が判断すべき事項である。その**判断のための材料を提供する**、というのが本書のスタンスである。

　この判断材料を提供するというスタンスは、設計の打ち合わせにおいてクライアントに説明を行い、一緒に議論をする際にも有用であろう。個々の選択肢のメリット・デメリットを説明したうえで共に最終的な判断をするという、医療で用

いられる「**インフォームドコンセント、インフォームドチョイス**」という考え方が、今後建築設計においても重要になるだろう。クライアントと共に、**建築分野特有の総合的な判断を行っていく際のサポートツール**としても機能するだろう。

　結論を急がず、並列的に事項をピックアップするというのが基本的なスタンスであるが、逆に設計をする上で、方向性が明白な事項に関しては逆に強引に論を進めた部分もある。工学的に見れば違いはあるのかもしれないが設計をしていく上では無視してよい差であるとか、コストパフォーマンスという観点から選択肢が定まってくるようなものについては、無用な混乱を避けるため、筆者なりの判断をしたうえでシンプルな記述としている。その分野に詳しい方からは異論があるかもしれないが、あくまで一設計者の判断ということで理解いただきたい。

1-3 本書の構成・使い方

-1 設計のプロセスに沿って

　ここまで述べてきたようなスタンスで、次章以降、快適な住まいを作るために、配慮・検討したい事項を、八つの章（2〜9章）39節にわたって取り上げていく。敷地条件の把握、ヴォリューム・スタディから始まり設備機器の選定や外構に至るまで、オーソドックスな住宅の設計プロセスに沿って、各局面での配慮事項やその実現のための技術を解説している。

　各節のトピックは、環境工学の分野に沿った、光環境、風環境、温熱環境というくくりにはしていない。なぜならば、光環境と風環境、温熱環境は相反することも多い。設計においては、それらを同時に考え、バランスをとっていく必要がある。学問の研究分野ごとにくくるのではなく、**設計のフェイズごとに横断的に各種の環境を考えていく**方が現実的であろう。

　各節の解説においては、先に述べたように、設計を進める上でのオルタナティブを多くピックアップするように留意した。他の条件からこうならざるを得ないときには、こう対策を講じるといった形で、いうなればシナリオを提示している。このシナリオを、計画案構想の参考とするなり、検証に用いることをイメージしている。

-2 参照をしながら

　設計のプロセスに沿って章立てを行っているとはいうものの、そもそも実際の設計のプロセスは、章立てのようにきれいに順を追ったものとなるわけではないだろう。平面と断面を同時に思考する場面もあるし、開口部からの光の入れ方を考えた結果ヴォリューム・スタディに立ち戻ることもある。あるいは、クライアントからの要望で、初期の段階で設備機器がまず決められていることもあるだろう。あちらこちらを、行きつ戻りつしながら、徐々に設計は進んでいくものである。

　また、一つの事項が、別のフェイズで考慮すべき事項へ波及したり、他の部位のスペックに影響を与えたりすることもある。たとえば、家全体の空気の流れを考慮することが階段室の位置を考えることにつながるし、壁の断熱性能を設定することと開口部の大きさやスペックはセットで考えられるべきであろう。そこで、

このような関連の強い項目相互は（参照▶ x-x）という形で文中に注記することとした。そのため、参照すべき節が頻出する。参照と示された節を追っていくと、延々と参照が続いていくこととなる。堂々巡りをしているようだが、それが本来の設計の進み方でもある。一つのことを決めるのに、他の部位や構成のことを随時考えあわせ、何度もフィードバックすることとなる。

　したがって、本書も、順を追って章ごとに読み進めても構わないが、必要に応じて、**あちらこちらを参照**しながら理解していただければと思う。そのために、こまめに節ごとに完結した形として、各節はできるだけコンパクトに解説を行う形とした。コンパクトな解説を旨としているので、理論的な背景を含めて体系立てて理解したいという向きには、不足の感があるかもしれない。もし、より深く掘り下げる必要があれば、その方面の専門書をあたっていただきたい。

▰ 設計プロセスとキーワード

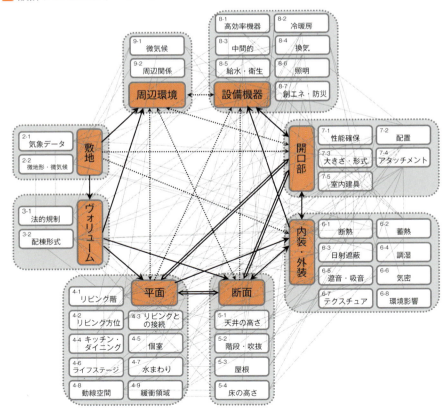

第1章　快適な住まいを目指して

-3　前提とする地域区分

　南北に長い日本では気候帯の幅も広い。住宅のあり方は、どのような気候風土のもとにあるかによって大きく左右される。本書では、面積的にも人口的にも日本の過半を占める、**断熱地域区分の平成 11 年基準でのⅣ地域**、住宅事業主の判断基準におけるⅣa、Ⅳb地域、新しい平成 25 年省エネ基準でのⅤ、Ⅵ地域（参照 2-1）をベースとして書き進めることとした。したがって、その他の地域区分では必ずしも適さない記述もある。決して他の地域区分のことを無視しているわけではないが、限られた紙面では厳密さを追求することの限界があることを理解いただきたい。もちろん援用可能な部分も多い。地域外だからといって、まったく参考にならないということはないはずである。

▎断熱地域区分

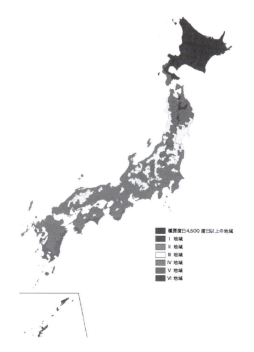

（一財）建築環境・省エネルギー機構ＨＰ（http://www.jjj-design.org/technical/index.html）

2
敷地を読む

　一般的に、建築は特定の敷地の中に建てられ、地面の上に固定される。不動産という言葉からわかるように、動くことがない。だから、敷地の上に建てられる建築は、その敷地の持つ制約条件によって縛られることとなる。敷地と道路との関係や日照条件は、区画整理がされたり周囲が建て替わったりしない限り、長くついて回るものとなる。

　敷地の有する制約条件は様々なので、そこに建つ建築はその敷地特有の解となる。だから、まず**敷地の特性を正しく把握する**ことから始めなければならない。それがクリアできれば、続く設計のプロセスはスムーズなものとなる。逆に、読み間違うと、いずれ大きな手戻りとなってしまう。

　敷地を知るには、地図や写真から得られる情報だけでなく、朝、昼、夜の**1日の中での違い**、さらに**1年を通した季節ごとの状況の変化**も知っておくべきであろう。しかし、そこまでの時間をかけることは現実には困難である。敷地調査や地形図をもとに、想像力を働かせ敷地を読み込んでいくこととなる。**敷地を読む力―リテラシーを養って**いかねばならない。

横浜市三千分一地形図（昭和初期）30・35
横浜市 HP(http://www.city.yokohama.jp/me/machi/kikaku/cityplan/gis/3000map.html)

合掌造り

2-1 敷地の気象データを集める

　設計する建築は、ある気候条件の下に存在することとなる。地域によって気候の違いがあるし、時間軸での季節変化や日変化もある。様々な気候の下で、建築は人間にとって必要な室内環境を作り出すことが求められる。厳しい気象条件であればあるほど、またその変化の度合いが大きければ大きいほど、環境制御の難易度は高くなる。したがって、どのような気象条件を想定する必要があるのか、まずは敷地が属するエリアの気候上の特徴を把握しておかねばならない。気候上の特徴が、それを活かした空間的なアイディアや生活上の工夫につながるかもしれない。

-1 断熱地域区分

まず、敷地の存する地域の断熱地域区分を調べておく必要がある。断熱地域区分は、その地の気候に応じて**省エネルギー基準**[*1]で定められているもので、北から南までを1〜8地域に区分している（参照 1-3）。断熱の地域区分に応じて、**必要とされる断熱性能が異なってくる**（参照 6-1-1）。

-2 日照時間

次に、把握すべき敷地に関わる気象データとして日照時間がある。各地の日照時間は、**気象庁のデータベース**[*2]で確認できる。通年での日照時間は、太陽光発電（参照 8-7-1）や太陽熱利用（参照 8-7-2）の運転効率に影響するだけでなく、開口部からの熱取得にも寄与する。**冬季**の晴天率が高く**日照時間**が長ければ、パッシブなダイレクトゲイン（参照 6-2-3）や屋根面での空気集熱（参照 8-3-3）も積極的に考えられる。

当然日照は、地形や隣接する建物・樹木などの影響を受ける。敷地が谷間であれば、朝夕や冬季の低い角度からの日照がカットされやすい。隣接建物や山による影響がどの程度なのか、敷地周囲の建物を入力した日影図で確認しておくとよい。南面だからといって大きな窓を設けても、冬にはほとんど陽があたらないということも起こりうる。

■ 冬至の8-16時日影図（2h間隔）

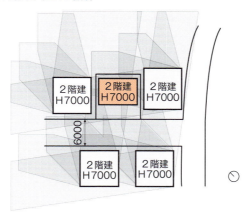

---

*1 住宅・建築物の省エネルギー基準　平成25年改正　国土交通省
*2 気象庁HP（http://www.jma.go.jp/jma/menu/report.html）

-3 外気温

　外気温についても、同様の気象庁の温度変化のデータが参考になる。ただし、日照の場合と違って、気象庁の気象観測点から少し離れると、大きく異なる動向を示すことがある。海沿いの地域では温度変化が穏やかであるが、山間部では温度変化が大きくなりがちである。**市街地では**ヒートアイランド現象により**夜間になっても温度が下がりにくい**傾向がある。

　着目すべきは、**夏季の最低気温**である。どの程度まで外気温が下がるかによって、ナイトパージ（参照 8-3-2）の有効性が左右される。外気温が低い方が蓄冷の効果は大きいが、熱帯夜（最低気温25℃以上）だとしても、25～26℃であれば日中と比べても十分冷たい空気といえる。あながちナイトパージを否定するものでもないだろう。

-4 卓越風向

　次に風向についてである。年間を通じての**最多風向（卓越風向）**を確認するだけでは、排除すべき冬季の風や強風時の風も含まれてしまうので不適切である。気象庁のアメダスの風向データを、設計時に参考にしやすいように加工した**自立**

▶ 開口設置面に適した方位の例（横浜）

	方位	北	北北東	北東	東北東	東	東南東	南東	南南東	南	南南西	南西	西南西	西	西北西	北西	北北西
風上	起居時	△	△	○	○	○	○	◎	◎	◎	◎	○	△	×	×	×	×
	就寝時	◎	◎	◎	△	△	△	△	△	○	○	△	△	×	△	○	
風下	起居時	◎	◎	○	△	×	×	×	△	△	△	○	○	◎	◎	◎	◎
	就寝時	○	○	○	△	△	△	△	○	◎	◎	◎	○	△	△	△	○

※判断基準：図1中の【6月-9月】データで、40％以上で◎、30％～40％で○、20～30％で△、20％未満で×

（一財）建築環境・省エネルギー機構HP（http://www.jjj-design.org/technical/meteorological.html）

循環型住宅のＨＰ[*1]があるので、それを参考にするとよい。採風という観点での**開口面設置に適した方位**（風上側および風下側）が示されている。特にナイトパージ（参照 6-2-3、8-3-2）を想定するのであれば、**夏季の夜間から明け方にかけての風向**を調べておく必要がある。

風向も、日照に比べるとデリケートで、**周囲の構築物や地形の影響を受けやすい**。隣接する建物に遮られたり、逆に局所的にビル風のような強風域が生じたりする。必ずしも気象観測点の風向データ通りとはならない。周辺を含めてＣＦＤシミュレーション[*2]をかければ、その動向をある程度把握できるのかもしれないが、現実的ではない。**現地に赴き**、線香の煙などで**風向を把握**して、その敷地の傾向をつかみたい。日中と夜間で風向きが逆転することも多いので、両方の風向きをチェックしておくべきだろう。

■ 海風と陸風

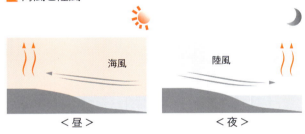

Photo Info 合掌造り（飛騨高山）、岐阜県高山市

飛騨高山の合掌造りの民家は、豪雪地帯であることから、屋根面への載雪を避けるべく、勾配の急な屋根形状となっている。それらが連なることで、独特の景観が形成されている。急勾配の屋根形状を作り出すために、梁材を双方向から斜めに架け渡していく叉首(さす)構造が採用され、結果として生じた上階の屋根裏部に養蚕のためのスペースが確保されている。気候風土の特徴から、構造形式、空間構成ひいては、集落景観までが導き出されている。

断面図

---

*1 （一財）建築環境・省エネルギー機構 HP(http://www.jjj-design.org/technical/meteorological.html)
*2 ＣＦＤ（Computational Fluid Dynamics）シミュレーション。数値流体力学に基づいた流体の解析・シミュレーション。水や空気の流れが流線図として示される。

ファンズワース邸

2-2 敷地周辺の微気候、微地形を調べる

　設計を始めるとき、まず対象敷地とその隣接敷地・前面道路の状況などを調べるだろう。しかし、敷地の環境に影響を与える可能性のある因子は、敷地の直近だけでなく、もう少し広範に存在している。意識を周辺エリアに拡げて、地形と構築物、樹木、水路などをプロットし、広域の断面図を描いてみると、日射や風向への影響を読み取ることができる（参照 2-1-2、2-1-4）。さらに、風通しや湿気など、写真に写らないが、その地における生活に影響を与える因子も見えてくるはずである。想像力を働かせ、マクロな視点で、敷地の状況を分析しておきたい。

第2章 敷地を読む

-1 微地形と微気候

　敷地周辺の地形は、国土地理院のHPの地図閲覧サービス*で確認することができるが、地面には地形図にはあらわれないようなわずかな高低差がある。自然の地形だけでなく、周囲の建物によって、「ビルの谷間」のような人工の地形が形作られていることもある。こういった微地形が、その場所特有の微気候につながる。周囲が**窪地状**だと風が抜けにくいが、**高台**であれば風が強い。また、夏季に放射カメラで住宅地の風景を撮影してみると、舗装面と比べて地被や樹木は表面温度が低いことがわかる。ある程度**樹木が密生していれば**、周辺より若干気温が低い**クールスポット**が形成される。500㎡程度の林でも樹冠が厚ければ効果があるとの研究[2)]もあり、敷地周辺にまとまった緑地があれば、そこから涼風を採り入れることができる。冬の**北風を防ぐような壁や擁壁**があれば、日溜まりとなり、冬季の**ウォームスポット**が形成される。こういった微気候を活かした計画を行いたい（参照 9-1）。

-2 敷地形状とアクセス

　そもそも敷地形状や道路付けによっても、環境は大きく影響される。敷地のプロポーションについてみれば、温熱環境的には、**南側の間口の広い敷地形状**だと南からの日射を取り込め、有利である（参照 3-2-1）。高低差については、

■ 敷地の特性

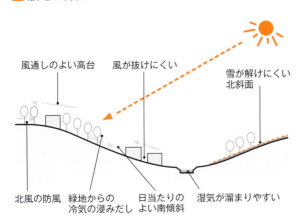

■ クールスポット

堀越哲美：『風の道の利用 - 名古屋市での事例から』、緑の読本、シリーズ66、pp32-37、環境コミュニケーションズ

* 地理院地図（電子国土Web）

南下がりの斜面は日射を受けやすく、北下がりの斜面は積雪後に雪解けが遅いことからわかるように日射の取得という点では不利である。敷地と道路との関係についてみれば、道路上に建物が建てられることはないので、道路は建て込んだ敷地では貴重なオープンスペースとなる。したがって、南側に前面道路がある**南入りの敷地は日照が担保される**ので、望ましいアクセス方向といえる。しかし、前面道路の交通量が多い場合には、往来の騒音や視線が気になり、おおらかに開口を設けにくくなる面もあるだろう。

-3　湿気

敷地周辺の**湿気**についても、意識しておく必要がある。風向き以上に実感しにくい要素であるが、敷地の周辺がジメジメしていると、屋外が苔むしたり、室内にカビが生えたりしやすい。美観を損なうだけでなく、健康を害することにもつながる。木造住宅であれば、木材の腐朽、シロアリの被害にも悪影響を及ぼす。

地形的に**窪地や斜面地**、あるいは**山林に囲まれている**ような敷地は、湿気が高くなりがちで、要注意である。やっかいなのは、かつての水路が暗渠化されたようなケースである。水路が見えなくなっても、もともとは谷筋で水はけが悪い。また斜面地では、中腹から水が浸み出る水みちがあるような場合もある。雨が降った後に敷地を訪れてみると状況がよくわかる。国土地理院のHPには、明治前期の

■ 敷地形状とアクセス

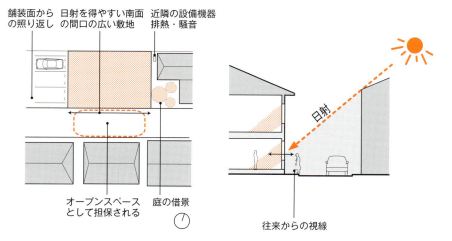

低湿地が示されているので、それも参考にするとよい。敷地周囲の湿度が高いような場合には、基礎工法や床高さなどの工夫をする必要が出てくる（参照 6-4-1）。

　また、自治体のハザードマップによって浸水想定区域が示されている。こういったエリアでは地下室を設けないといった配慮をしたい（参照 3-2-2）。

-4　近隣からの影響

　特に、周囲が建て込んだ敷地では、隣接する建物からの影響も大きい（参照 9-1-2、9-2-3）。駐車場の**舗装による照り返し**、隣地の**設備機器の排気・排熱や騒音**、換気扇からの**臭い**などを、よく把握をしておき、できるだけネガティブな影響を受けないようにしたい（参照 8-4-4）。もちろん、隣の**庭や緑地を借景**したり近隣の**樹木で日射遮蔽**をしたりといったポジティブに利用できる面もあるだろう。それらを適宜、活かしたり、遮ったりするために、敷地周囲のファクターをあらかじめきちんと把握しておきたい。

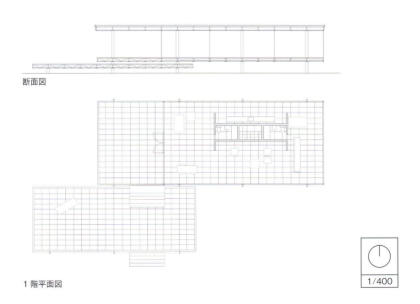

断面図

1階平面図

1/400

Photo Info ファンズワース邸（ミース・ファン・デル・ローエ）、アメリカ イリノイ州（1951）
ミースの代表作であるファンズワース邸は、川べりに位置し、しばしば洪水に見舞われるような周辺状況に置かれている。そこで、水害を避けるべく、いうなれば高床式の住居として、スラブが宙に持ち上げられた形となっている。周囲から切り離されたフラットな床スラブという空間形式は、ミースの唱えるユニバーサルスペースという概念モデルそのものであるが、敷地条件によって強化されたものといえよう。

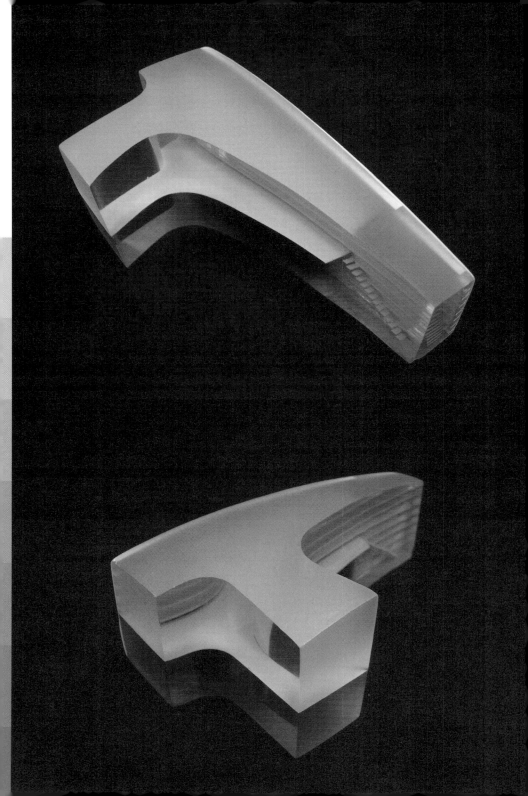

3

ヴォリュームをスタディする

　ヴォリューム・スタディの目的は、法的に許される建物の大きさを把握し、建築の各機能の連関を大づかみにするところにある。設計の初期段階として、できるだけ多角的な視点からヴォリューム・スタディを行いたい。

　ヴォリューム・スタディのプロセスにおいては、建築は抽象化されたマッシブなヴォリューム、もしくはその複合体として扱われる。そこでは、素材や開口部などの表層のデザインをいったん捨象して、ヴォリューム相互の関係と個々のヴォリューム形状にフォーカスすることとなる。

　ヴォリューム・スタディをするにあたっては、敷地の中だけのことを考えるのではなく、**周辺環境との相互作用の中でのヴォリュームのあり方**を考えたい。また、**ヴォリューム形状そのものによる環境的な特質**も検証されるべきだろう。周辺の構築物や地形との関係からヴォリューム形状が導き出される部分もあれば、室内環境を担保するのに適したヴォリューム形状という観点もある。**環境面から見たヴォリューム・スタディ**が求められるのである。

HOUSE TM
撮影　新建築社写真部

3-1　法的規制に基づくヴォリューム形状

　建築基準法等によって、建物の大きさはある程度規制される。敷地に余裕がない場合には、ヴォリューム形状はほとんど法的規制によって定められてしまうといっても過言ではない。しかし、そういった法的規制は、日影規制や北側斜線のように、周辺環境を担保するために定められている面があり、必ずしも当該建物の環境を担保するものではない。したがって、課せられた法的規制をどのように環境的に活かし、さらにそれをデザインとして昇華していくのかが課題となる。

-1 高さ制限

建物の高さや断面形状を規定する法的規制として、**高度地区、北側斜線、道路斜線、日影規制**などが挙げられる。いわゆる集団規定と呼ばれるもので、個々の建物がそれに従うことで、街区全体の環境が一定程度守られることが目指されている。これらの高さ制限に関わる法律は**日照**を意識したものが多いが、高さ制限によって導き出された斜めの屋根勾配を卓越風向（参照 2-1-4）と重ねあわせられれば、空気の流れを作り出す装置として活かしていくことも考えられる（参照 5-3-1）。

意外と見落とされがちなのが、**採光に関わる高さ方向の形態の制約**で、敷地境界ギリギリまで建てるような場合、採光補正係数がかかるため、1階の居室の**有効採光面積の確保**に苦労することとなる。前面道路から採光がとれればよいが、隣地境界側からとる場合には要注意である。

-2 建蔽率

平面形状に関わる法規制としては、建蔽率や外壁後退距離がある。建蔽率は敷地に対する建築面積の比率であるが、住居地域では建蔽率の上限が低めに（厳しめに）設定されていることが多く、その結果建築面積に算入されない部分－すなわち空地の割合が大きくなる。敷地内に**どのように空地を配置するか**がデザインの鍵となる。反転されたヴォリューム・スタディともいえよう。

■ 高さ制限　　　　　　　　　　■ 有効採光面積

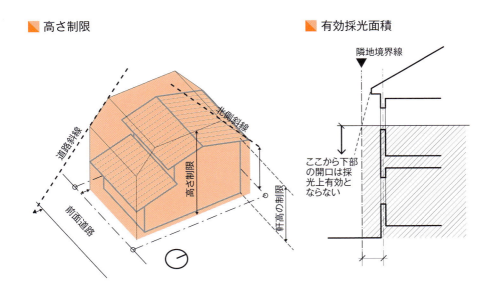

建蔽率の上限が高いエリアでは、確保される空地面積は少ない。とはいえ、**建物周囲には**埋設配管や**施工上のクリアランスが必要**となる。狭小敷地だと敷地目一杯に建てても、敷地の 20％程度が建物周囲の空地となる。必要なクリアランスをとり、駐車場を確保すると、ほとんど空地の配置が決まってしまうケースも多い。駐車場をどこに設けるかのスタディになりがちである。

　もう少し敷地に余裕がある場合、空地をどこに、どのようにとるかがテーマとなる。ひとまとまりの**庭を南側に配置するのがオーソドックス**だろう。南側に引きをとることで、日照が確保しやすくなる。**中庭型**で敷地中央に空地を配すれば、建物の奥行きが浅くなり光が各部に行き渡りやすい。また異なる面（方位）に開口が設けられるので、風向によらず風を取り入れられる点でも優れている。また、**坪庭**として小さな空地を分散配置することも考えられる。プロポーション的に深さのある外部空間となり、冷気が溜まりやすく、クールスポットが形成される。近隣の樹木と連携すればさらに有効である（参照 9-1）。一方で、**外表面積が増える**ので、**建設コストの増大、冬季の熱損失**につながりやすい（参照 3-2-3）。

-3　外壁後退

　民法では敷地境界からの **50cm 以上の外壁後退**が謳われている*。また、地区計画等で外壁後退距離が定められている場合もある。後退した外壁と敷地境界

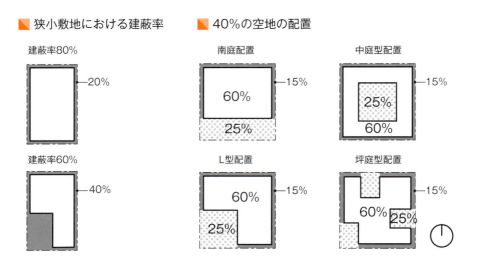

▶ 狭小敷地における建蔽率　　▶ 40％の空地の配置

＊　民法第 234 条　建物を築造するには、境界線から 50 cm 以上の距離を保たなければならない。

との間には、余白のような**細長い空地**ができてしまう。先に述べたように、狭小敷地では結構な面積割合を占めるが、あまり利用価値がないようにも見える。

しかし、現在の住宅では、室外機や給湯器のように排熱・排気を伴う設備機器が装備される（参照 8-2-1、8-5-1）。外壁と隣地境界との隙間にこれらの機器が置かれれば、ラジエーターの放熱板のように、住宅において生じた熱の**排熱のための領域**として位置づけられる。主採光面から採風する際に排熱の悪影響を避けられると考えれば、この余白もあながち無駄とはいえないだろう。逆に、**設備機器置き場**としてメンテナンススペースが確保される程度の寸法にしておくのが合理的な考え方といえよう。

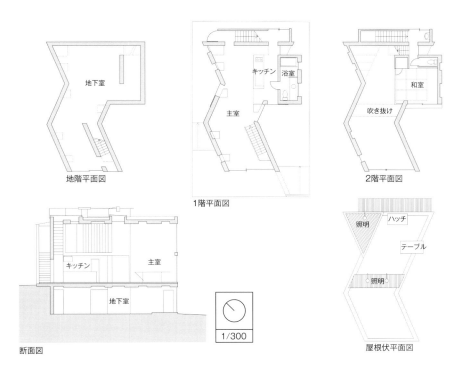

Photo Info　HOUSE TM（小嶋一浩／シーラカンス）、横浜市緑区（1994）

郊外の丘陵地を切り開いて作られた住宅地に建つ戸建て住宅である。建蔽率40％という法的規制から導き出される建築ヴォリュームを、敷地の中にいかに配置していくかが設計のテーマとなっている。個室と水まわりを納めるヴォリュームと敷地前面の道路が連続していくかのような筒状のヴォリュームとが組み合わされている。筒状のヴォリュームを、40％の建蔽率を守りながら中ほどで屈曲させることで、空間に変化と奥行きを与えている。

相模原の住宅
撮影　新建築社写真部

3-2　配棟形式とヴォリューム形状

　建物のヴォリューム形状を導き出すには、敷地形状や法規制の他にも、内部の機能との応答関係、立面上のプロポーション、周辺の街並みとの調和といった要因が関わってくる。一方で、ヴォリューム形状そのものが持つ環境的な特性もある。同じ床面積や気積でも、ヴォリューム形状によって熱・通風・光環境が大きく異なってくる。この後に続く、各部における環境制御の工夫のベースとなるものといえる。様々な要因を踏まえつつ、どのようなヴォリューム形状とするのが妥当なのか、十分な検討を行いたい。

-1 方位とプロポーション

　まず、方位とプロポーションについてみると、日本のような温帯気候のもとでは、温熱環境という点では、**東西方向に細長く、南面するフロンテージが長いプロポーションが有利**とされる[3]。南面から日射を取得できること、また庇によって季節に応じた日射の制御が容易であること（参照 6-3-2、7-2-1）、制御しにくい横方向からの日射を受ける東西面が小さいことなどが挙げられる。もちろん周囲との関係（参照 2-2-2）によって結果は異なってくるが、知っておくべき基本事項といえよう。

-2 階数

　次に、高さ方向のヴォリューム形状を見てみれば、日本では、戸建て住宅は2階建てが主で、場合によって平屋建て、3階建てが検討されるといった感じであろう。

　平屋建ては階段が不要なので、同じ床面積なら2階建てより**実質的に広く**使える。体力の衰える高齢期のことも考えれば、望ましい形式といえる。床面積に対する**屋根面積の比率が大きい**ので、太陽光発電でゼロエネルギー住宅を目指すような場合には[*1]有利である（参照 8-7-1）が、屋根面の**遮熱、断熱性能の確保が必須**である（参照 6-1-1、6-3-1）。また、基礎・屋根面積が大きい

▎階数

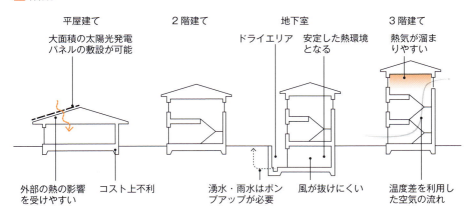

*1　創エネハウス：10-2節参照。運用時のゼロエネルギーを目指すのであれば5～6kWの太陽光発電パネルが必要とされる。

ということは、**コスト上不利**でもある。

　敷地面積の制約が大きいときには、**3階建て**が検討される。3階建ては高さ方向に伸びることから、温度差を利用した**下から上への空気の流れを作りやすい**（参照 5-2-3）が、**上階と下階とで温度差**が大きくなり、溜まった熱が上階の居室に悪影響を与え、下階では冷気が浸入しやすくなる。居室に悪影響を与えないような空気のルートを考えておく必要がある。

　同様に狭小敷地においては、**地下室**を設けるのも一つの手段である。一定の要件を満たせば、地下室を居室とすることも可能[*2]だし、容積率の緩和も適用される。外周がコンクリートの壁で囲われるので、**遮音上有利**である。防音室やAVルームなどに適している（参照 6-5-1）。また、コンクリート躯体・土の**熱容量を利用して、安定した室環境**を実現できる（参照 6-2-2）。しかし、**壁面の結露、カビの発生、ゲリラ豪雨時の浸水**など、リスクも高い。そもそも**建設コスト**もかかる。慎重に考えたい。

-3　外表面積

　ヴォリューム形状について、外部との接点の多いヒダの多い形状と接点の少ないシンプルな形状のどちらを選択するかは、難しい問題である。

　冷暖房が行われることを考慮すれば、**熱損失を防ぐためには外表面積が**

▊ 100㎡の床面積に対する外表面積（階高3mとする）

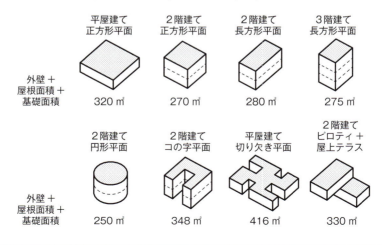

---

*2　から堀を設けるなど。建築基準法施行令第22条の2、平成12年建設省告示第1430号。

第3章　ヴォリュームをスタディする

小さい方がよい。コンパクトで**キュービックなヴォリューム形状**が導き出される。壁、床を共有している集合住宅は、住戸当たりの外表面積が小さく、戸建て住宅よりエネルギー消費が圧倒的に少ない。また、隣戸と界壁を共有するタウンハウスのような形式は、隙間という無駄なスペースがなくなるだけでなく（参照 3-1-3）、熱損失を防ぐという意味でも有効である。

一方で**通風、採光**という観点からは、**外部との接点の多い凹凸のある形状**の方が有利である。分棟形式や、坪庭を設けることも考えられる。しかし熱的には不利となる。特に、**断面方向での凹凸**を増やした場合には、屋根やピロティ上の床面が増えることとなり、**熱的にはより不利**となる。熱損失が増えないよう、躯体・開口部の断熱性能の確保が求められる（参照 5-4-4、6-1-1、7-1-1）。また、外表面積が多いということから、**コストへの影響**も大きい。留意しておく必要がある。

1階平面図　　2階平面図　　1/400　　断面図

Photo Info 相模原の住宅（野沢正光建築工房）、神奈川県相模原市（1992）

環境を意識した設計を展開する建築家、野沢正光の自邸である。南北方向に奥行きの深い敷地形状に対して、小さな庭を挟み込みながら二つの横長のヴォリュームが配置され、廊下状の空間で連結されている。奥行きを浅くし、南に面して大きな間口を設け、外表面積は大きいが、通風・採光上有利なヴォリューム形状としている。さらにOMソーラー（参照 8-3-3）での屋根面集熱、コンクリートブロック躯体への蓄熱（参照 6-2）など、再生可能エネルギーの利活用が徹底されている。

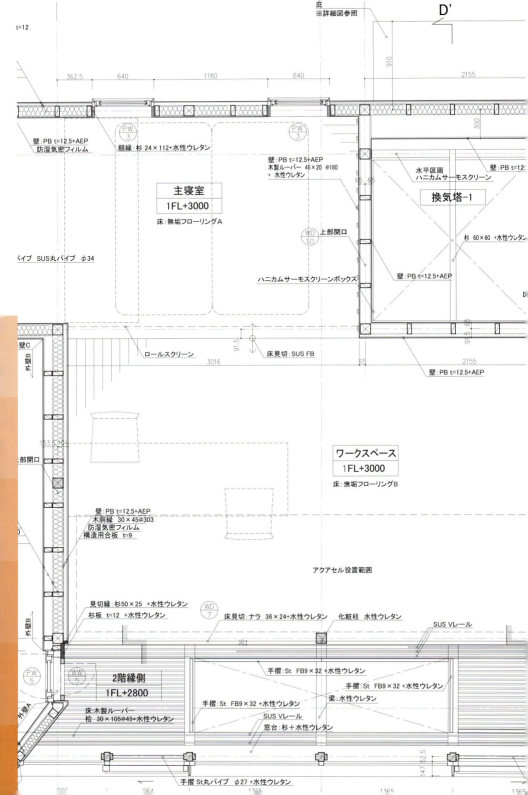

4 平面を計画する

　平面を考えるにあたっては、必要とされる諸室を、機能的な関連を考慮しながら配置していくこととなる。しかし、同時に、リビングは日当たりのよい南側に、といった形で、方位との関係、すなわち室内環境のことも意識する。できるだけ環境的に有利な位置に室を配置したいが、間口や面積の制約もあるので、すべての部屋を好条件とすることは難しい。**諸室の中での優先順序をどう付けるか**を考えていくこととなる。

　滞在時間の長い部屋を優先するというのが、わかりやすい解答であろう。**快適な場所に人は集まってくる**ので、人が集まってきてほしい部屋を優先するという考え方もあろう。暖房がそれほど手軽ではない時代には囲炉裏や炬燵など限られた熱源のまわりに（参照▶8-2）、照明器具が限られていたときには光のまわりに、家族が集まることとなった。建築評論家レイナー・バンハムは、ランプが置かれた部屋について、

　「ちょうど焚火のときの状況のように、空間はさしあたって壁に囲まれたのとまったく同様に、ランプのまわりに集中していた」[5)]

と語っている。普通、壁によって空間が規定され、室内環境が生成されると認識されているが、実は室内環境そのものに、空間を規定する力があるのである。さらに室内環境によって、家族のそれぞれの振る舞い、ひいては家族のあり方にも影響が出てくる。

　住宅を設計するにあたって、リビング（居間）、個室といった**室の使われ方と室内環境を重ねあわせる**ことができるかどうか、それが鍵となる。

浜田山の家

4-1 リビングの設置階

　リビングもしくは居間と呼ばれるスペースは、団らん、休息、コミュニケーション等に用いられる。住まいの中で中心的な役割を果たす場所といえよう。したがって、皆が集まりやすい位置にあることが求められる。

　2階建ての戸建て住宅では、リビングは1階に設置されることが一般的である。しかし環境的に見れば、2階の方が有利な場合も多々ある。リビングを1階に設けるか、あるいは2階に設けるかによって、続くプランニングは大きく違ってくる。中心的な場所であるからこそ、十分かつ柔軟に検討をしておく必要がある。

-1 下階リビング

　リビングを1階に設ければアクセスが容易であり、庭との連続性を活かした使われ方も可能である。**皆が集まりやすい**という点では、1階リビングは望ましい位置といえよう。将来的な**体力の低下への備え**という面でも優れている。しかし、さらに体力が低下し、日常生活が寝室を中心とするようになれば、寝室を1階に設けることも考えざるを得ない。敷地面積の制約から寝室とリビングを同一階に設けられなければ、寝室を優先して下階とし、リビングは上階に配するという選択肢も出てこよう（参照 4-6-3）。

-2 上階リビング

　リビングには大きな開口が設けられることが多いので、眺望があれば活かしたいし、逆に外からのプライバシーには配慮が求められる（参照 9-2-1）。2階にリビングを配すると、視点が上がり、**眺望にすぐれ**、開放感に恵まれる。さらに、**往来からの視線もかわしやすく**なる。また、面積要求の大きいリビングを2階とし、1階を小さな部屋割となる個室で構成するのは、**構造的にも合理的**である。リビングを2階に配置するのは、意外とメリットがあるといえよう。

　しかし、1階が車庫や店舗のような場合は特に気にはならないだろうが、個室が割り当てられるような場合には、プライベートなゾーンを通り抜けて、リビングへアクセスすることとなる。**来客を招き入れる際のプライバシー**が気になる向きもあろう。個室を手前に、リビングを奥にという空間図式は、集合住宅

▌下階リビング

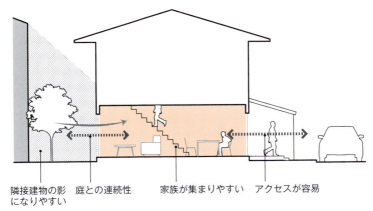

隣接建物の影になりやすい　庭との連続性　家族が集まりやすい　アクセスが容易

ではよく見かけるものではあるが、配慮が不足している感は否めない。居住者に十分な理解を求めておく必要がある。また、リビングへの日常的な上り下りは、意外と**身体的な負担**になるものである。これもあわせて考えておくべきだろう。

-3　上階リビングの環境

　環境的な面から見れば、2階リビングは、**日照や通風の確保**という点でも1階より有利な場合が多い。1階は隣接構築物の日影になりやすく、外部風速も弱められてしまう。市街地など周囲が建て込んだ条件下では、採光・通風の確保という観点から、2階へのリビング配置は十分検討に値する。

　さらに2階が最上階であれば屋根勾配を利用しての斜め天井として、天井高さ（参照 5-1-1）を確保できるし、温度差や誘引によって下から上方向への空気の流れを作り出すことも考えられる。しかし、最上階ということは、外気に接する面が多いということでもある。特に屋根面の**熱の影響を受けやすく**、温熱環境的には不利となる。屋根・壁に十分な遮熱・断熱性能を持たせる配慮が求められる（参照 6-1-1、6-3-1）。また、最上階では**トップライト**を設けることが可能である。上からの光を利用して印象的な空間演出ができるが、温熱環境上のリスクも大きいので、慎重さが求められる（参照 7-2-2）。

▶ 上階リビング

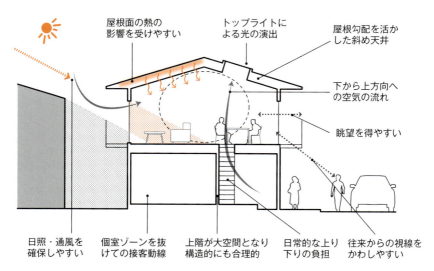

第 4 章　平面を計画する

　往々にして、採光・通風と温熱環境は、どちらかを大切にすると、他に影響が出るという、トレードオフの関係になりがちである。これは外表面積の多寡にも通じる課題でもある（参照▶ 3-2-3）。一概にどちらを優先すべきとはいいがたい。周囲の敷地条件、クライアントのライフスタイルや体力状況などを十分に勘案して、決定したい。

断面図

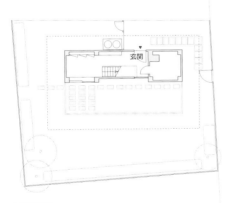

1 階平面図

2 階平面図

1/300

Photo Info　浜田山の家（吉村順三）、東京都杉並区（1965）
1 階ピロティ部をコンクリート造とし、ハングオーバーするような形で上部に木造の躯体が載る形となっている。下階は、玄関、ボイラー・洗濯室となっており、日照・通風にすぐれた上階が日常的な生活空間にあてられている。吉村の代表作である軽井沢の山荘でも同じような構成が提案されており、そこでは眺望、湿気対策という側面が強かったが、この住宅では建て込んだ市街地内における日照、通風の確保、防犯といった意味合いが大きい。

曽我部邸

4-2　リビングと方位

　同じ設えの部屋であっても、方位によって室内環境は異なってくる。通風は時々の風向によるとしても、熱・光については方位による明確な違いがある。方位を意識して平面計画を考えていくことは、平面計画の基本事項といえる。
　特にリビングでは、テレビを見たり、新聞を読んだり、比較的長い時間を過ごすこととなる。室内環境によって、知らず知らずのうちに人の行動は影響を受ける。リビングと名が付いているから人が集まってくるわけではない。皆が積極的に利用したくなるような快適な環境を確保したい。

-1　南面のリビング

　リビングは南面の日当たりのよいところに設けられることが多い。日中明るく、冬暖かく、夏涼しいところに、人は自然と集まってくる。南側の居室は、**直達日射による採光や太陽熱の取得**（ダイレクトゲイン）が期待でき、さらに庇による季節に応じた**日射の制御も容易**に行える（参照 6-3-2）。総じて、南向きのリビングは、室内環境的に有利といえよう。

　一方で、南面採光は**照度の偏りが大きくなりがち**である。リビングには大きな開口が設けられることも多く、直射光がまぶしいという場面が生じやすい。面積の余裕があればいいが、ソファセットや大型テレビなどの大型家具・家電によって、居場所が限定されてしまうケースも多い。テレビが逆光になって見にくい、ソファで新聞を読もうとしてもまぶしい、パソコンの画面に光が映り込むなどの理由で、カーテンやブラインドが閉められ、電灯を付けている例も散見される。環境上の有利さがまったく活かされていない。リビングにおける**行為と環境との関係を十分に把握して、家具・家電を含めた設えを考える**べきである。外の光を和らげて採り入れるためのアタッチメントを取り付けるなどの工夫も考えたい（参照 7-4-1）。

■ 南面リビング

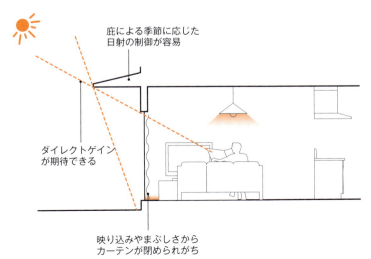

-2　東西面のリビング

　周囲の高低差や前面道路の位置等によっては、南面以外にリビングを設けざるを得ないケースもあるだろう。リビングを東西方向に面して設ける場合、季節を通して太陽光の入射角度が低く、**日射を遮ることが困難**である（参照▶7-2-1）。屋外に落葉樹を配する（参照▶9-1-1）、ガラスの遮熱性能を向上する（参照▶7-1-3）などの工夫が求められる。東西の別を比較すると、**西向き**は外気温が高くなった午後に日射量が増大する（西日）ので、特に**夏季に高温**となりがちであり、温熱環境上は不利となる。エアコンの選定にあたっても、西向きの部屋では南向きに比べて3割程度の冷房能力の増を見込まねばならない（参照▶8-2-2）。冬季に目を転じてみれば、東向きのリビングでは、冷えた早朝の室内を温めてくれる午前中の日射が期待できる。一年を通してみれば、**西向きよりは東向きの方が有利**といえよう。

-3　北面のリビング

　北向きの場合、窓面からの日射の取得が期待できず、**熱的な環境は不利**である。一方で光環境に関してみれば、画家がアトリエを北向きに設置するように、**安定した光の状態**を作り出しやすい。ハイサイドライトなど高い位置に開口を設ければ、天空光を採り入れ、柔らかい光に満ちた明るいインテリアとすることが可能である（参照▶7-2-1）。

■ 東西面リビング

太陽高度が低く、日射を遮るのが困難
西向きの部屋では冷房負荷が増える
落葉樹による日射遮蔽が有効
まぶしい

■ 北面リビング

天空光による安定した光環境
コールドドラフト
陽のあたった樹木を眺める

また、北面から眺める風景は、**陽にあたった反射面**を見ることとなり、南面からの眺望よりむしろ明るい印象を与える場合もある。光を受けた木々の葉がキラキラ見えかくれするシーンは印象的である。北向きのリビングとする場合には、当然のことながら壁、開口部ともに十分な断熱性能を確保することが求められる（参照 6-1-1、7-1-2）。特に冬季には、北側の窓からの**コールドドラフト**が懸念される。断熱スクリーンを設ける（参照 7-4-3）、ペリメータに暖房機器を設置するなどの対策を講じておくとよいだろう（参照 8-2-3）。

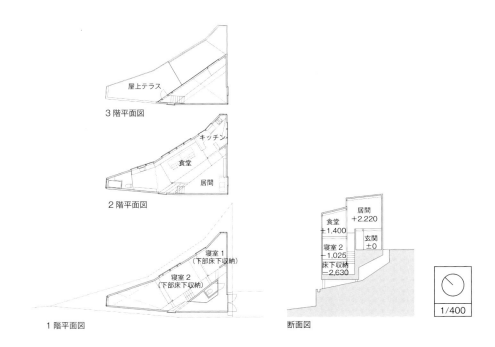

Photo Info 曽我部邸（曽我部昌史＋丸山美紀）、神奈川県横浜市（2006）
ミニ開発によって生じた変形、北下がりという厳しい敷地条件下での住宅。スキップ状に構成された諸室の最上部に、リビングと食堂が配されている。北向きの開口を通じて、対面する斜面上に拡がる生産緑地の風景を望むことができ、安定した反射光・天空光が取り込まれる。室内の色調は明度が抑えられたものとなっており、横方向に連なる窓が、陽にあたった緑地の風景を額縁のように切り取っている。

箱の家001
撮影：坂口裕康　AtoZ

4-3　リビングと諸室のつながり

　かつての日本の住まいは、襖などで室間が簡便に間仕切られていたが、現代においては、諸室は壁でしっかりと区切られ、それぞれの部屋の独立性が高められる方向となっている。そのような流れの中で、リビングは家族のつながりを生み出す重要な場所として位置づけられる。また、リビングは面積的にも気積的にも大きく、その室内環境は家全体の室内環境に大きな影響を及ぼす。すなわち、リビングは、様々なレベルで、家族や諸室を関係づけていく役割を担う。諸室との関係の中でリビングのあり方を考えていきたい。

-1 独立型のリビング

　リビングはダイニングやキッチンと一体化したLDKとして設けられることが多い。その一体化した空間が他の部屋（個室や水まわり）と廊下で隔てられた独立型リビングと、そこを経由して他の部屋へアクセスするようなホール型のリビングとに大別できるが、独立型がオーソドックスといえよう。日本では、必要なときに必要な部分だけ冷暖房を行う、部分間欠冷暖房＊（参照 8-2-1）が主流である。独立型のリビングでは、リビング**単独で冷暖房されるので、効率も高く**、消費エネルギーの観点からは優れている。一方で、動線空間となる廊下や階段は冷暖房区域外となり、外壁の断熱性能が不十分だと、冬は冷え切った場所となりかねない（参照 4-8-3）。

　音環境的に見た場合、廊下を介しているので、リビングでの会話やテレビの音などが**他の部屋に影響を及ぼしにくい**という利点が挙げられる。来客時にも、住人・来客の双方が気兼ねなく振る舞える。一方で、リビングから**個室内の人の気配は察しにくい**。介助の必要な高齢者が同居するような場合には、様子がわかりづらいといった問題も出てくる（参照 4-5-1）。

▶ 独立型のリビング

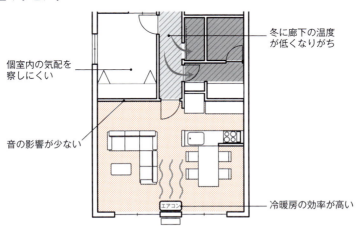

* 北欧や北米では、冷暖房時には空調機器を連続運転し、全館を一定の環境とする全館連続（冷）暖房が主流である。

-2　ホール型のリビング

　一方で、ホール型のリビングの場合、家族が自然に集まる形となり一つのところを共有することとなり、コミュニケーションがとりやすい。しかし、廊下や階段、さらには玄関ホールなどと空気が通じているため、冷暖房時には気積が大きくなる。結果、**全館冷暖房**のような形（参照 8-2）となり、より多くのエネルギーが必要とされる。

　冷暖房機器も能力アップすることとなるが、あえてそれほど**能力の大きくない冷暖房機器として長めに運転する**ことで、比較的少ないエネルギーで安定した温熱環境を実現するという考え方もある。不在がちなライフスタイルには適さないが、在宅時間の長いライフスタイルであれば、検討に値するだろう。脱衣室やトイレへの給気をリビング側から行えば、冬季にはリビングの暖気が自然に流れ込み、水まわり諸室でのヒートショックの回避に有効である（参照 4-7-1）。

　風環境という面から見れば、ホール状の空間構成であれば、個室の開口部を利用して、風の通りをよくすることも可能である。リビングの中だけで閉じるのではなく、**家全体の空気の流れ**へとつなげられる（参照 7-2-2）。

　音環境的に見れば、ホール型のリビングは家族間の気配が伝わりやすいという利点がある一方で、気積が大きくなるので**残響時間も長くなりがち**である。

■ ホール型のリビング

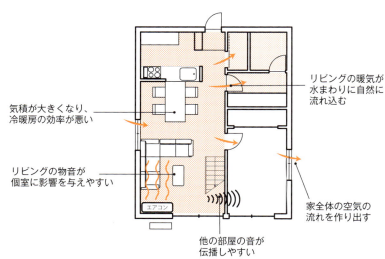

さらに、廊下を介していないので、家の中の他の部屋への音の影響が懸念される。来客時の会話や、深夜に帰宅した際の**物音などが気になる**ところである。リビングの天井に吸音性能を持たせ、音圧レベルを下げるといった配慮が求められる（参照 6-5-2）。

-3 リビングと外とのつながり

生活の中心となるリビングでは、屋外とのつながりも積極的に考えたい。庭の**植栽や風景を取り込み、眺望を活かす**だけでなく、テラス、バルコニーなどでの**屋外での活動**とうまく組み合わせられれば、生活の幅を拡げることができる。屋外とのつながりを作り出すために大型のテラス戸が設けられることも多いが、複層ガラスが用いられる昨今では障子が意外と重くなる。居住者の体力もよく考慮しておきたい（参照 7-3-2）。

1階平面図

2階平面図

断面図

1/300

Photo Info 箱の家 001（難波和彦＋界工作舎）、東京都杉並区（1995）
難波和彦は一連の箱の家シリーズで、様々な角度から住宅の深化をはかっている。構造・環境といった技術的な面だけでなく、家族の空間共有のあり方といった計画的な側面も強く意識されている。ここでは、中央に2層吹き抜けのリビング・ダイニングスペースを設け、光と風を行き渡らせ、そこに面するように様々な活動スペースを配置している。リビングが文字通り家の中心となっている。「家族」に対するイメージを、ストレートに空間図式へと翻訳したものといえよう。

公営住宅51C型（写真：蓮根団地2DK55型）

4-4 キッチンとダイニング

　食に関わる空間であるキッチンやダイニングは、人研ぎの流しからステンレスのシンクへ、卓袱台からダイニングテーブルへと、設えが大きく変遷してきた[*1]。さらに近年では、外食の増加や中食[*2]化など、家庭における食生活自体も大きく変わりつつある。

　実は現在定着しているDK、LDKという形式は、戦後の公営住宅に端を発するもので、それほど長い歴史があるわけではない。食に関わる空間を住まいの中でどのように位置づけていくのか、居住者のライフスタイルに則して検証し、計画に反映していきたい。

[*1] 明治期までは銘々膳で供せられていたものが、大正期には茶の間で卓袱台を囲む形式となり、戦後にはDKでテーブルが用いられる形式が増えた。
[*2] 弁当・惣菜など家庭外で調理されたものを家庭で食する食事の形式。

-1　キッチン

　調理には火や水が用いられるので、調理のための場は、居室から切り離された土間などに設けられることが多かった。シンクやコンロなどの調理設備が整った現在では、キッチンユニットとして居室の中に置かれることがほとんどである。しかし、**湯気や臭いが生じ、排気が必要**であることは変わらない。特に気密性の高くなった住宅では臭いがこもりやすいので、キッチンまわりの空気の流れには、気を配りたい。

　キッチンを**上階に設けた場合、室内の他の部位へ臭いや湯気の影響を与えにくい**という利点がある。しかし、日常的に食材を上階まで持ち上げるのはなかなかの重労働でもある（参照 4-8-4）。夏季には大風量のレンジフードを利用して、家全体の空気の流れを作り出すということも有効であるが、運転音がうるさいのが難点である。

　レンジフードの排気風量は他の換気扇（トイレ、24時間換気）と比して圧倒的に大きいので、**レンジフードの近傍に給気口を設けて**おかないと、思わぬところから空気が逆流してしまう（参照 8-4-3）。また、アイランド型のキッチンとしたときには、レンジフードの排気ダクトが部屋を横断することとなり、すっきりと納めるのに苦慮することとなる。

■ 対面型キッチン

- キッチン内の動線がコンパクト
- 複数で手伝うスペースの余裕がない
- 排気
- キッチン内を隠しやすい
- 室内を把握しやすい

■ 壁付キッチン

- 手元を明るくしやすい
- キッチン内が隠せない
- 排気
- 室内に背を向けての作業となる
- 後ろが広い

■ アイランド型キッチン

- 排気ダクトが室内を横切る
- 油がはねやすい
- 排気
- 調理の様子が見えやすい
- 配膳・下膳が容易
- 調理台としても利用可
- チャイルドセーフが取りにくい

見過ごされがちだが、キッチンの温熱環境にも気を配りたい。キッチンでは長時間の立ち仕事が続く。にもかかわらず、キッチンは北側に配置されることが多く、冬季にレンジフードで排気する際、勝手口などから冷気が侵入し、**足もとが冷えやすい**。床暖房を設置するのも効果的である。

-2　ダイニング

　ダイニングは、食事空間として団らんの場となることが期待されるが、近年では個食／孤食と称されるように生活時間帯の違いから、一堂に会して食事をすることが容易でない状況となっている。だが、逆にバラバラになりがちだからこそ、数少ない接点として「食」を大切にすべきともいえる。気軽に立ち寄れ、調理の音や食材の香りを感じとれるようなダイニングを考えたい。また、**食事を魅力的に見せる照明計画**にも意識を払いたい。照明の**色温度を低めに設定**したり、光源の位置を工夫したりすることで、大きく食卓の印象が変わる（ 参照 8-6-4）。

-3　リビングとダイニング・キッチン

　ダイニングは、日本では「LDK」として**リビングやキッチンと一体的に取**

■ リビングとダイニング・キッチンのつながり

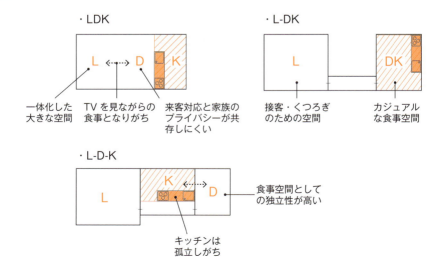

り扱われることが多い。しかし、テレビを見ながらの食事にマナー上の苦言が呈されたりするように、本来、**くつろぐためのスペースと食事のための空間は設えが異なる**はずである。また、来客の応対という外向きの行為と家族の食事というプライベートな行為を共存させるのも、容易ではない。欧米の住宅では、食事のためのダイニングとくつろぐためのリビングを切り離して配置している例も多い。逆に、キッチンの中に簡便に食事ができる場所を設え、日常的な用途に供する**イート・イン・キッチン**という考え方もある。日本でDKと呼ばれているのは、この形式に近いものも多い。日常的によく用いられる場所であるからこそ、常識にとらわれずにその使われ方を柔軟に考えてみたい。

平面図

1/150

Photo Info 公営住宅51C型（写真：蓮根団地2DK55型、東京都板橋区（1957））
西山夘三の唱えた「食寝分離」を受けて、第二次大戦後、鈴木成文らにより食事専用の空間を明確に位置づけた公営住宅51Cプランが提案された。流しの備わったキッチンと家族が集まって食事を摂るためのダイニングが、一つの空間の中に併置されている。その後、リビングとあわせてn-LDKと称される住戸形式が広まったが、その背景には、家族像やライフスタイルの変化と共に、設備機器の進化によるキッチンまわりの環境改善があったことも見逃せない。

トラス下の矩形

4-5 個室の独立性

　現代生活においては、個々人のプライバシーが重要視される。外部に対してプライバシーを守るのはさておき、家の中での個人のプライバシーはどの程度確保されるべきなのだろうか。最近では、個室内での携帯電話での会話が室外に漏れることが苦情となると聞く。逆に、個室内に子どもが引きこもってしまい何をしているのかわからないという問題も生じている。

　一方、環境面から見ると、独立した部屋を個別に制御することで、機械制御がしやすくなる面もあるが、通風のような空気の流れは確保しにくくなる。プライバシーの確保と通風環境の確保は、相矛盾することが多い。住まいにおける個室の独立性をどう考えるのか、難しい問題である。

-1 独立型の個室

個室の独立性を高めていくのは、プライバシーの重視という観点からは望ましい方向だろう。深夜に帰宅する人がいるなど家族の**生活時間帯が異なる場合**には、**光や音に患わされない環境を確保する**ことは、切実なニーズとなろう。また、冷暖房区画がなされ空気や熱の行き来も少なくなるので、**冷暖房時のエネルギー消費という点でも有利**となる（参照 4-3-1、8-2）。しかし、幼児や高齢者などサポートが必要な局面では、室内の気配が外に伝わる工夫がほしいところである。

-2 空気がつながる半個室

逆に、個人のためのスペースを、家具などで仕切ったコーナーのような設えとしたり、欄間を通じて空気が行き来するようにするなど、**視線は切れるが音や気配が伝わる程度の関係を目指す**考え方もある。いうなれば**半個室**である。日本の伝統的な住まいにおける、襖で仕切られた個室のあり方と似たものといえよう。相互に気配を感じ取ることができ、家族のつながりを導きやすいともいえるが、思春期などデリケートな年代の子どもには受け入れられにくいかもしれない。一方、音が伝わるということから、**他者を慮る振る舞いをするようになるという教育的側面**もある。すべてを建築的に解決するのではなく、居

▍半個室

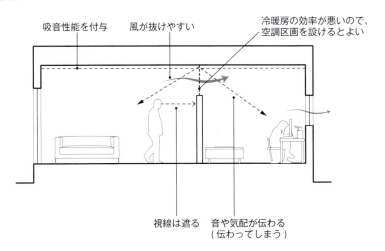

住者の工夫に期待するという考え方もあろう。建築的には、**吸音性能を付与しておく**といった配慮をしておきたい（参照 6-5-2）。

温熱環境的に見れば、空気がひとつながりとなるので冷暖房の効率は悪い。**厳寒期用の簡便な空調区画を設えておく**のも一つのアイディアである。一方で、外皮の断熱性能を十分に確保すれば、家の中のどこにいても温度差が少なく熱的な障壁が少ない**熱的バリアフリーの状態**に近づけられる。暖房時間の長い寒冷地では、検討するに値する個室のあり方といえる。

-3 個室の独立性と通風環境

通風環境から見ると、各個室で個別に通風環境が確保されることが望ましいが、1面だけしか開口が設けられないような場合には、なかなか風が抜けにくい（参照 7-2-2）。特に集合住宅では、間口の制約からそのような個室となることが多い。結果、**入り口扉を利用して、風が抜けるルートを確保する**こととなる。出入り口を半開状態とできる引き戸としておくと便利である（参照 7-5-4）。あらかじめガラリの組み込まれた通風建具としたり、扉上部に欄間を設けておくことも考えられる。そのような場合、実質的には、前項（4-5-2項）で述べた

▮ 戸建て住宅の通風　　　　▮ 集合住宅の通風

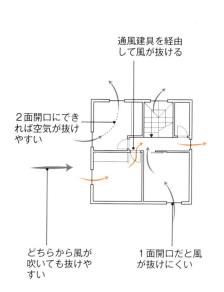
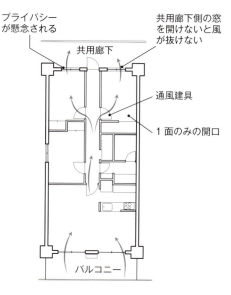

半個室状態となる。

　個室だけでなく家全体の空気の流れを考えたときにも、空気がつながっている半個室状態の方が有利な面もある。部屋ごとに仕切られた状態では、風向きによっては風が抜けにくい部屋が生じてしまう。家全体が1室空間であれば、開口部が各方位にバランスよく配置されることで、必ずどこかの面から風が入り、抜けていく形となり、風向き（参照 2-1-4）によらず風を採り入れていくことが可能となる。

平面図

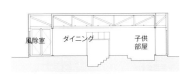

断面図

1/300

Photo Info トラス下の矩形（五十嵐淳建築設計）、北海道常呂群（2004）

基礎底盤を凍結深土＊まで到達させる必要があることから、その深さを活かしてリビングと個室にレベル差を設けた住宅である。個室は一段下がって、囲われて、落ち着き感のある場所としている。対して、リビングは個室上部で視線が抜け、拡がりが感じられる空間としている。さらに、その上部にトラス屋根を架け、全体性・一体感を演出している。寒冷地で全館連続暖房となることから、緩やかな領域分けとして、温熱環境的には1室空間としている。

＊　冬季、寒冷地で地盤の凍結が起こる地面の深さ。表土が凍結すると地面そのものが隆起をするおそれがあるため、基礎底盤や配管などは凍結深度以深まで到達させておく必要がある。

小石川の住宅（私たちの家改修工事）

4-6　ライフステージと個室

　個室は、子どもの勉強部屋として使われたり、夫婦の寝室となったり、場合によっては高齢者の介護場所ともなる。ライフステージによって、求められる設えや必要とされる環境が大きく異なってくるので、個室の配置や大きさをどのように設定するかは難しい問題である。ある時期に特化しすぎた設えとすると、後々使いにくい部屋となりかねない。時間軸を組み込んで、部屋のあり方を考えていきたい。

-1　子ども部屋

　乳幼児のときには両親と同室で就寝していても、小学校への就学前後から子ども部屋を与えるという例が多いようである。独立心を育むことが目されてのことだろう。一方、思春期になると、対外的なつながりをうまく構築できず部屋に引きこもってしまうこともある。そこで子ども部屋となる**個室の面積を小さく設定**しておき、中に**引きこもりにくくする**という発想もある。専有する個室空間をベッド置き場など最小限として、勉強机はオープンな共用空間内に設けておき、必要とするプライバシーは確保しつつ、コミュニケーションを生み出していくというものである。

　また、子どもが巣立った後の子ども部屋の使われ方も想定しておきたいが、最近では「パラサイト・シングル」*と称されるように、社会人になった後も親元で生活をするケースもある。さらに晩婚化によって、その期間が在学期間より長くなることもある。そうなると、子ども部屋といいつつも**成人が生活する部屋**となり、狭小な面積では不適合を起こす。そういった事態になっても大丈夫なように、逆に面積的に余裕のある子ども部屋（もはや子ども部屋とは呼ばないのかもしれない）としておく考え方もあるだろう。

■ 子ども部屋の変化

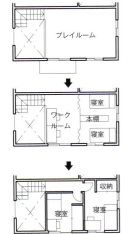

■ 夫婦の寝室

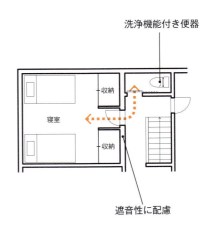

＊　学卒後もなお親と同居し、基礎的生活条件を親に依存している未婚者のこと。家族社会学者である山田昌弘が名付けた。山田昌弘：パラサイト・シングルの時代、筑摩書房（1999）

-2 夫婦の寝室

　夫婦の寝室となる個室は、日中に用いられることが少なければ、日照条件の不利な位置に配することも選択肢となろう。また、近年では、夫婦別床というケースも少なくない。デリケートな話題ではあるが、上手にニーズを汲み上げたい。

　また、夫婦の寝室は、夜の営みが行われるところでもある。**プライバシーに配慮**をしておくことはもちろん、営みの後に局部を清潔に保つことができるように、**水まわりとの位置関係**も考えておきたい。見落とされがちであるが、夫婦の寝室からシャワーや洗浄便座付きのトイレまで、家族の目を気にせずにアクセスできるルートを確保しておくことは大切な配慮事項である。欧米では主寝室に付属して水まわりが設けられている例が多い。局部の病気の予防という意味でも有用である。

-3 高齢者の寝室

　高齢期になったときの寝室（特定寝室）をどこに設けるかを想定しておくことも重要である。高齢期にはトイレが近くなる頻尿という現象も起きてくるので、**寝室とトイレとの距離**をできるだけ近づけておく*。さらに体力が低下したと

■ 高齢者の寝室

寝室とトイレとの距離をできるだけ近づける
引き戸
収納
寝室
床の間
玄関から寝室までのアクセスに配慮

■ ライフステージと世帯の変化

親世帯　本人　子ども
結婚 ─ 夫婦
誕生 ─ 核家族
─ 3世代
成人
独立 ─ パラサイトシングル
─ 高齢者介護
─ 高齢者単独
　高齢者単身
─ 被介護

＊　住宅の品質確保の促進等に関する法律(品確法)に基づく住宅性能表示における「高齢者等への配慮に関すること」等級4

第 4 章　平面を計画する

きのことを想定すれば、**寝室から玄関へのアクセス**に無理がないようにしておきたい（参照 4-8-4）。デイサービス利用時の送迎など、介助者の負担の軽減も大切な配慮事項である。敷地面積が狭くリビングと特定寝室を同一階で確保できないような場合には、どちらをアクセスのよい 1 階に設けるか悩ましいところである（参照 4-1-1）。ホームエレベータ等の機械設備を設けられれば問題ないが、そのスペースやコストの確保は容易ではない。

　室内環境に目を向ければ、高齢者は、**温熱感覚が衰え、体温調節機能が低下する**ので、寒さに気づかず体が冷え切ったり、暑さが認識されずに家の中で熱中症となったりしやすい。**特定寝室の温熱環境には細心の注意が必要**である。空調機器を設置して機械的に環境制御することも考えたい。

-4　ライフステージに応じた個室のあり方

　個室の使用者・占有者は、年齢と共に身体状況が変化し、必要とされる設えも変化していく。あらかじめ対応するには限界があるので、**状況に応じて改修していく**のが現実的であろう。しかし、**水まわりの改修は容易ではない**ので、水まわりの配置については先を見据えたものとしたい。何を優先するのか、どこまで想定しておくのか、クライアントと十分に議論をしておきたい。

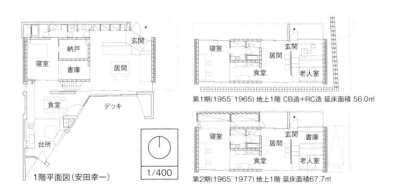

Photo Info 小石川の住宅（私たちの家改修工事）（原設計：林昌二・林雅子、改修設計：安田幸一）、東京都文京区（1955）

林昌二、林雅子という建築家夫妻が暮らした住宅を、夫妻の没後、安田幸一が引き継いだものである。初期にはシンプルなヴォリューム形状であったが、林夫妻によって徐々に増築が重ねられ、さらに安田によって改修がなされている。建物だけでなく、変遷し続ける住宅像も引き継がれたものといえよう。時々の状況に柔軟に対応する住宅像を通じて、空間軸だけでなく、時間軸でも適応させていくという視点の重要性が示されている。

IS邸

4-7 水まわりでの安全性

　トイレや洗面・脱衣室、浴室といった水まわり諸室は、北側に設けられることが多い。長く滞在するところではないので、日照がなくても構わないということであろう。したがって環境面から見れば、冬期の利用に際して室温が低くなりがちな部屋となる。しかし、これらの部屋は脱衣して利用されるため、無防備であり、室温の影響を諸に受けることとなる。そのため、健康障害・事故が起きやすい部位といえる。水まわり諸室を計画するにあたっては、健康性・安全性という観点から検証を行いたい。

-1 ヒートショック対策

　低い室温に身体がさらされると、血管が収縮し血圧があがる。加えて排便でいきんだり、入浴して血管が拡張することで、さらなる**血圧変動**がもたらされる。極端な場合には、いわゆる**ヒートショック**と呼ばれる症状を呈し、意識障害や溺死へとつながってしまう。

　その対策として、**水まわり諸室に暖房機器を設えておく**ことが推奨される。浴室では、換気機能に暖房機能が備え付けられた浴室乾燥機を用いるのが簡便である。トイレでは暖房便座がその役割を果たすが、待機モードになってしまうものもある。洗面所にはタオルウォーマーを設けておくと、室の暖房となると共に、タオルも暖かくなり快適である。

　専用の暖房機器が設置されていても、利用が短時間であることから、わざわざつけずに済まされてしまうことも多い。暖房機器に頼らずとも、ある程度の温熱環境が担保されることが望ましい。外周壁の**断熱性能を確保**することが基本となる（参照 6-1）が、さらに換気扇を利用して、暖房されている居室（リビング等）から水まわり諸室への空気（熱）の流れを設定するのが有効である（参照 8-4-2）。水まわり諸室の換気扇を 24 時間換気対応のものとして、**給気口を暖房室側に**設けておけば、常時自然に熱が流れ込むこととなる。給気口が、暖房されていない玄関ホールに面している場合には、効果が少ない。そもそも水まわり諸室を、

■ 冬季入浴時の血圧変動

健康維持増進住宅研究委員会 / 健康維持増進住宅研究コンソーシアム編：健康に暮らす住まい９つのキーワード - 設計ガイドマップ - 、建築技術（2013）を一部修正

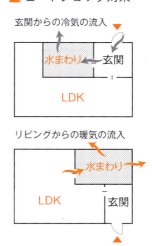

■ ヒートショック対策

屋外の冷気の影響を受けないように、**住戸平面の中央に配する**という工夫も考えられる。集合住宅では間口の制約から、必然的にそのような平面となることも多い。水まわりは窓のない行灯部屋となるし、中央部からのダクトルートを天井フトコロに確保する必要も出てくるが、ヒートショックの防止という点では有効である。

-2　カビの発生を防ぐ

水まわり諸室は、その字のごとく水気の多い部屋であり、湿気がたまりやすい部位でもある。過度の湿気はカビ等の原因ともなり、すみやかに室外へ排出することが望ましい。家全体の空気の流れを設定し、**水まわり諸室を風下とする**のが理想的である。24時間換気の換気扇による空気の流れに、重力換気（参照 5-3-1）のパッシブな空気の流れを重ねあわせられれば、より効果的である。脱衣室の天井を高くして、高窓と共に換気扇を設置すれば、下から上への空気の流れが作り出される。

-3　高齢期への備え

浴室、トイレ、洗面・脱衣室といった水まわり諸室は、給排水管の効率的な配置、給湯管からの熱ロスの低減（参照 8-5-1）、換気設備の合理化（参照 8-4-2）などから、**近接して設ける**ことが望ましい。同時に、**主寝室と浴室、高齢**

▶ 水まわりの配置

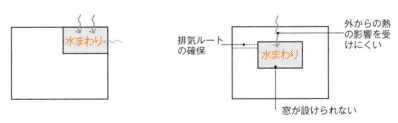

▶ 水まわりの面積のゆとり

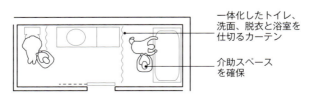

第4章　平面を計画する

期の寝室とトイレとの位置関係にも十分配慮したい（参照 4-6-2、4-6-3）。

　一般的に、これらの部屋は個別に仕切られた小部屋となる。動作空間にあわせた大きさを確保するのが基本となるが、さらに体力低下時の**介助を想定した空間的な余裕**をもたせておきたい*。それぞれに面積的なゆとりを持たせることが難しければ、トイレと洗面・脱衣を**一体化し**、諸室の間をカーテン等の**簡便な仕切りとする**工夫も考えられる。抵抗を感じる居住者もいるだろうが、意外と慣れるものでもある。水まわりの改修はコスト負担が大きい。あらかじめ将来を想定したプランニングとしておきたい。

2階平面図

1階平面図

断面図

1/300

Photo Info　IS邸（設計組織ADH　渡辺真理＋木下庸子）、北海道札幌市（2003）

層状の平面構成を持つ、寒冷地に建つ住宅。南側は縁側状の集熱空間となっており、バッファーゾーンとして機能している。冬季の洗濯物干し場としての役割も果たす。水まわりは2階の北側に設けられており、洗面脱衣室の上部が吹き抜けて、屋上への出入りをする塔屋となっている。この塔屋は、下から上への空気の流れを作り出し、湿気が水まわりから室内に逆流することを防いでいる。換気扇に頼るのではなく、家全体での空気の流れがデザインされたものといえよう。

＊　住宅性能表示「高齢者等への配慮に関すること　⑥寝室、便所および浴室」に詳しい。

原邸

4-8　動線空間の計画

　廊下は移動を目的としたスペースであるが、近年では、敷地面積の制約から、できるだけ廊下に費やす面積を減らそうという傾向が強い。そもそも廊下が見当たらないホール状の平面も見かける。また、効率的な家事という観点からは、合理的で機能的な動線計画、廊下配置であることが求められる。一方、環境面から見ると、動線空間は短期利用の共用空間であり、積極的な環境制御が行われない中間的な環境の場所となる。中間的な領域を生活の中でどのように位置づけるのか、面積上の効率や機能性だけでは推し量れない様々な可能性と課題がある。

第 4 章　平面を計画する

-1　中廊下

かつては、平面の中央に東西方向の廊下を設け、居室を南側に、水まわりや納戸を北側に配する中廊下タイプの平面がよく見られた。日照や換気を必要とする室を外周に配置した結果である。結果として、廊下空間は、窓がなく日中も暗い場所となってしまう。熱取得する南側諸室と北側の水まわりは中廊下で隔てられ、水まわり空間が冷えやすい（参照 4-7-1）といった課題も生じる。

-2　外周部の動線

逆に、**広縁や縁側**と呼ばれるように、ペリメータに沿って細長い廊下状の空間を設ける例もある。室内空間と屋外との間に位置するため、**温熱環境上の緩衝領域**（バッファーゾーン）（参照 4-9-2）としての役割を果たす。当然のことながら、廊下自体の室温の変動幅は大きくなるが、通過のみであれば許容されよう。細長い動線空間の形状と、一時的な通過という利用特性を活かした環境制御のアイディアといえる。

とはいえ、床面積当たりの外周壁・開口部の比率が高いので、断熱性能が不足すれば、冬季には室温が外気温なみといった状態にもなりかねない。雨戸や障子といった**開口部への断熱補強もあわせて考えておくべき**だろう（参照 7-4-3）。

■ 廊下パターン

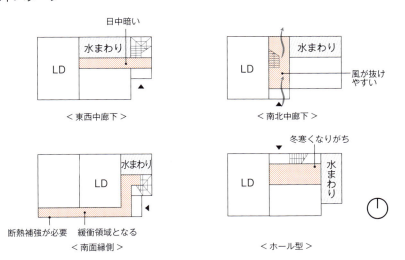

＜東西中廊下＞　　＜南北中廊下＞
＜南面縁側＞　　＜ホール型＞

-3 動線空間の温熱環境

　全館冷暖房でなければ、一般的に廊下は冷暖房がなされない。先に述べたように、一時的な通過と考えれば支障はないが、冬季に暖房された室内と暖房されていない廊下との温度差が大きすぎると、水まわりに限らずともヒートショック（参照 4-7-1）のおそれがあり、さらに高齢者では部屋の外に出ようとしなくなることで運動能力の低下にもつながる。外周壁の断熱性能はきちんと確保した上で、廊下と室内とを区切る間仕切り壁や室内建具の断熱性能をむやみに高めず（参照 7-5-3）、**ある程度熱が流通するようにしておく**方がよい。

-4 動線の安全性・ユニバーサルデザイン

　廊下は移動のための空間であるので、当然**移動時の安全性への配慮**が求められる。高齢期になって運動能力が低下したときには、ちょっとした高低差も大きなバリアとなる。段差が負担で移動がおっくうになれば、更なる運動能力低下に結びついてしまう。身体が健常でも、日常的な家事における負担となる。不要な床段差は極力設けないようにしたい。特に**1段だけの段差や数cmの小さい床レベル差は認識されづらく**、転倒事故につながるので極力避けたい[*1]。

▶ 動線の安全性

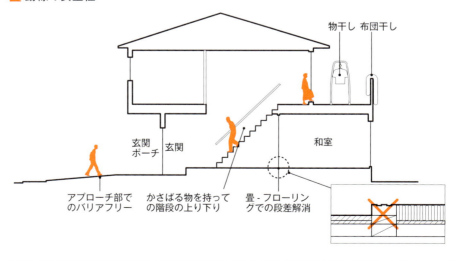

*1　住宅性能表示「高齢者等への配慮に関すること　②段差」に詳しい。つまずきによる転倒を防ぐためには段差を5mm以下に抑えることが求められる。

洗濯機置き場と物干し場、寝室と布団干し場を同一階に設けられない場合、洗濯物や布団を持って階段を上り下りすることとなる。**かさばる重量物を持っての上下移動**であり、転落事故の危険性が高くなる。安全性の確保という観点からは、よく考えておきたい。

さらに、見過ごされがちであるが、**アプローチ部でのバリアフリー**も大切である。1階の床レベルは地盤面より数十cm高いところに設定されることが多く、その段差は玄関ポーチ部の階段で処理されるのが通常である。しかし、歩行補助具や車いすの利用の際には、大きなバリアとなる。1/12勾配[*2]を超えるスロープでも、併設しておけば介助においては大きな助けとなる。自転車・ベビーカーの利用にも有効である（参照 5-4）。

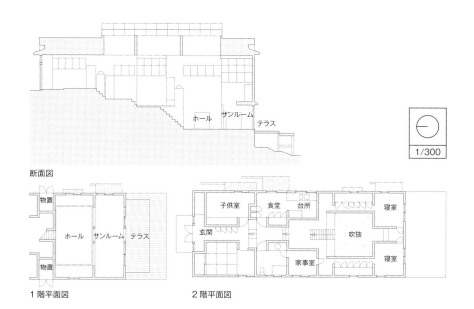

Photo Info 原邸（原広司＋アトリエ・ファイ建築研究所）、東京都町田市（1974）

原広司は、初期において、中央の軸線上に様々なシーンが展開することを意図した反射性住居と呼ばれる住宅シリーズを作り出している。斜面に沿って徐々に下りていく階段の左右にインナートップライトが重なり、集落のような様相を呈している。そこに上部からの光があたり、刻々と表情が変わっていく。「住居に都市を埋蔵する」という原の言説を具現化するように、諸室へのアプローチとしてだけではなく、様々なイメージを生み出す道具立てとして、動線空間が位置づけられている。

---

*2 「高齢者、障害者等の移動等の円滑化の促進に関する法律」（バリアフリー新法）においては、スロープ勾配を1/12以下と規定している。

聴竹居

4-9　緩衝のための領域

　住まいは、様々な意味合いで外部との接点を持つ。しかし、外部との関わりの中には、積極的に受け容れたい事項もあれば、遮断すべき局面もある。それらを受け入れるか否かのコントロールは、一般的には建具の開閉やそのアタッチメントの操作によって行われる（参照 7-4）が、建具によって線上でコントロールするのではなく、幅のある面的な領域でコントロールしていくという発想もある。そのような外部との関係制御の役割を担う領域は、緩衝領域・バッファーゾーンとして位置づけられる。緩衝領域があることで、外部とのスムーズな関係の構築につなげられる。

-1 対人関係の緩衝領域

まず、外部からの来訪者に対する緩衝領域を見てみたい。様々な性格の来訪者から適度に室内空間を守る仕掛けがないと、逃げ場がなく、生活しづらいものとなってしまう。

日本では、室内外への出入りの際、靴の脱ぎ履きがなされる。そのために**下足に対応した三和土や玄関土間**があり、上足に対応した上がり框や式台が設けられる。この上がり框は、来訪者が入り込むことの許される境界を示す役割も果たしている。外からの**来訪者を受け止めるための緩衝領域となっている**といえよう。

ホール状のリビング空間のなかに玄関が設けられるような場合には、来訪者が生活空間の中にいきなり入り込んでくることとなる。宅配便の受け取りなども想定すると、リビングで落ち着いて過ごすためには、違和感が残る。衝立のような家具調度で対応することも可能だが、もう少し建築的な配慮がほしいところである。

縁側や広縁のような外周部の動線空間（参照▶ 4-8-2）は、かつては**近隣の人が気軽に立ち寄る場**としても機能していた。正式な客は玄関を通して応接・座敷で接遇し、気の置けない来訪者は縁側で応対するという使い分けがなされていた。最近では、面積的な制約から縁側は省みられることが少なくなってきたが、外部からの来訪者にも様々なレベルがあることを考えれば、再考に値するアイディアといえよう。

■ 玄関まわりの緩衝領域

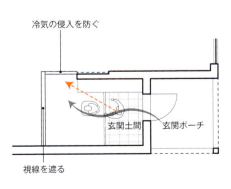

■ ヒンプン*による外部からの緩衝

＊ 沖縄で門と家屋の間に設けられる自立壁。外部からの視線を遮る。

-2 温熱環境上の緩衝領域

環境面からも、同様の緩衝領域を考えることができる。来訪者同様、外部の気候を積極的に採り入れたい季節もあれば、遮断すべき局面もある。

まず玄関に注目してみれば、**人の出入りに伴って、玄関扉から室内に外気**が入ってくることとなる。外部の気候が厳しい季節には、室内環境への大きなインパクトとなってしまう。玄関ホールとしての領域が確保されていれば、そこが緩衝領域としての役割を果たし、居室への影響を軽減することができる。寒冷地では、**玄関前に風除室**を設け、外気が直接室内に侵入しないような工夫がなされているものも多い。

建物外周部に**縁側があると、室内は二重の建具で守られる**形となる。縁側は温熱環境上の緩衝領域としても位置づけられる（参照 6-6-2）。外部の気候をいったん受け止めて和らげ、より快適な室内の温熱環境へとつなげられる。二重の建具を、**季節と時刻に応じて開閉することによって、段階的な制御**を行うことが可能となる。夏から中間期にかけては建具を開け放ち通風を確保し、冬季には建具を閉めて温室状にして熱を溜める、といった生活上の工夫が考えられる。**ガラスで囲まれたサンルーム**を設えるのも、縁側同様の効果を期待できる。

ただし、緩衝領域であるがゆえに、その領域自体の温度変動は大きくなりがちである。その**利用は時季を選ぶか**短時間となろう。また、緩衝領域と室内とを

■ 北国の風除室

■ 緩衝領域としての縁側

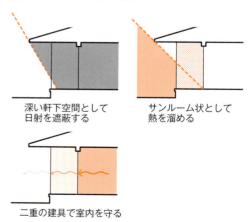

深い軒下空間として
日射を遮蔽する

サンルーム状として
熱を溜める

二重の建具で室内を守る

仕切る建具の気密性や断熱性を高めすぎると、室間の過度の温度差へとつながってしまう（参照 7-5-3）。

一方で、中間期であれば半外部空間を楽しむこともできる。さらに緩衝領域の熱容量を大きくしてダイレクトゲイン（参照 6-2-3）をはかるといった、再生可能エネルギーの活用も考えられる。利用方法に制約は生じるが、**居住者の工夫で様々な可能性を持つ空間**といえよう。

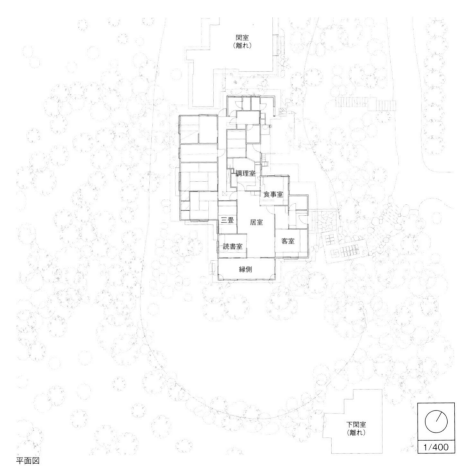

平面図

Photo Info　聴竹居（藤井厚二）、京都府乙訓郡（1928）

藤井厚二は、環境工学的な視点を取り入れながら、日本の気候風土にあった近代住宅の構築を目指した研究者であり、建築家である。自邸を何度も建て替える中で様々な設計手法を模索したが、聴竹居はその最後にあたる。諸室に取り囲まれた中央部の居間に対して、夏季の暑熱対策として通風を補う工夫がなされている。さらに南面には奥行きのある縁側が配され、夏季の日射の侵入防止、排熱、冬季の熱取得といったパッシブな環境制御に寄与することが目されている。

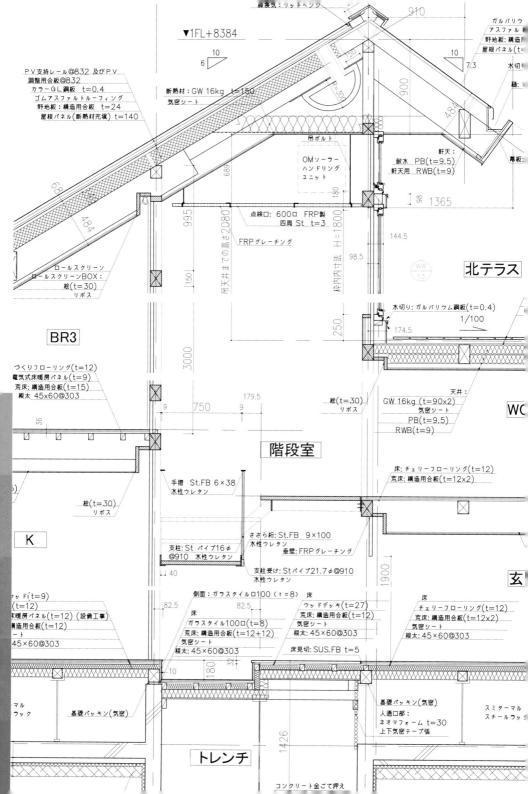

5 断面を計画する

　日射は、斜め上方から下方に向かって室内に入ってくる。また暖められた空気は軽くなり、上方へと上がっていく。光や風といった環境要素には上下方向の動き・流れがあり、上下での環境の違いが生み出される。環境面から見れば、空間を断面方向で考えていくことが重要である。

　対して、人間の移動は水平方向を基本とする。したがって、諸室の間の機能的な連関は平面上のつながりをベースに解いていくこととなる。すなわち、**縦方向に形成される環境を、水平に活動する人間に対して、どのように重ねあわせていくのか**が課題なのである。

　また、断面形状は、法規（参照 3-1-1）や雨仕舞いで規定される部分も多い。しかし、そこで導き出される断面形状は、必ずしも環境的な要素と結びついているわけではない。**法規や雨仕舞いによって求められる断面形状を環境的にどのように活かしていくのか**が、もう一つの断面形状上の課題といえよう。

　環境への配慮を加味した断面計画を考えてみたい。

梅林の家
撮影　新建築社写真部

5-1　天井の高さと形状

　天井が高い空間は、圧迫感がなく、開放的な印象を与える。一方で、天井が低いと、囲まれ感が出て、落ち着いた印象となる。雨仕舞いから必要とされた勾配屋根を、そのまま室内の勾配天井として活かせば、高さ方向に変化が生じ、空間に動きが感じられる。同じ部屋面積・平面形状でも天井の高さや断面形状が異なると、心理的に大きな違いが生じるのである。

　同時に、天井の高さ・形状の違いは、気積の大小と室内の高低差につながり、温熱環境、通風環境、音環境に大きな影響を与える。断面方向の計画を行う際の大きなファクターとして、天井高さと形状が位置づけられる。

-1　天井の高い空間

　建築基準法では居室の最低天井高さを 2,100mm* と規定しているが、一般的な居室の天井高は 2,400〜2,700mm 程度である。天井を少し高くして、3,200mm 程度の天井高を確保するだけで、ずいぶんと部屋の印象は違ったものとなる。敷地面積に限りがある都市型の立地においては、断面方向の空間デザインを積極的に考えたい。

　熱環境的に見れば、暖められた空気は軽くなり上昇する。冷たい空気は低いところに滞留する。そのため天井の高い空間では、**天井近くと床近くで温度差ができやすい。天井近くには熱溜り**が生じる。ロフトがある場合には、熱溜りの影響をダイレクトに受けることとなる。**開閉可能な高窓を設けたり、排熱用の換気扇を高所に設置したり**といった対策を考えたい。逆に、開口部の設置位置を工夫すれば、天井近くから暖かい空気を排出し、その分足もとから空気を採り入れる重力換気（参照 5-3-1）にもつなげられる。ただし、冬季に足もとに冷気が下りてきて不快な気流（**コールドドラフト**）（参照 5-2-2、5-2-3）**が生じないよう、壁や開口部の断熱性能を十分に高めておく**ことが重要である。

▌天井の高い空間と低い空間

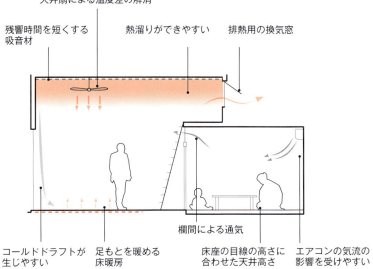

* 建築基準法施行令第 21 条。

冷暖房についてみれば、気積が大きくなるので、冷暖房機器の選定にあたっては、部屋面積に比して**容量をアップしておく**必要が出てくる。また、冬季の暖房時には暖気が上方に逃げてしまい、**足もとが暖まりにくい**現象が起こる。「頭寒足熱」の逆の状態となり、快適性が損なわれる。気流によって暖めるのとは異なる、**床暖房や輻射パネル暖房**の採用を考えたい（参照 8-2-3）。そもそも、高天井部の上下の**温度差を解消するには、天井扇の設置が有効**である（参照 8-3-1）。

音環境的に見れば、気積が増すので、**残響時間**が長くなる（参照 6-5）。壁や天井の仕上げが硬い素材だとその傾向は顕著となる。平行な天井や壁面で音が反射して、フラッターエコーを生じることもある。**天井面などに吸音性能を持たせる**ことを考えたい（参照 6-5-2）。

-2 天井の低い空間

逆に、天井を低くした場合、気積が小さくなるので**冷暖房の効率は高くなる**。外皮の断熱性能が高ければ、冬季には、人体や家電などからの内部発熱で、ある程度の温熱環境が担保される。一方で、中間期には熱がこもりやすく、呼気

■ 天井の形状

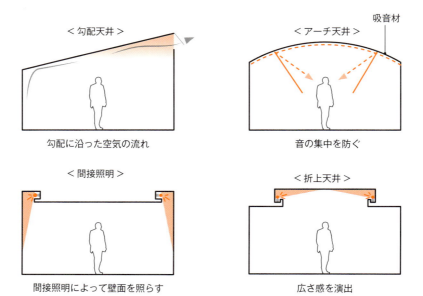

による**空気質への影響**（湿度、CO_2 濃度）も懸念される。**通風・換気への配慮が不可欠**である。2面への開口設置（参照 7-2-2）、欄間や通風ガラリの設置（参照 7-5-4）といった対策を講じておきたい。また、冷暖房の立ち上がりは早くなる一方で、機器の発停にあわせて室温が大きく変動することとなり、快適性が損なわれかねない。低出力で連続的に運転できる、もしくは**デリケートな制御が可能な冷暖房機器**を選択したい（参照 8-2）。

-3 天井の形状

次に天井形状についてであるが、環境的に見ると、**勾配天井の場合**、熱が頂部に溜まるのでそこに開閉可能な開口部を設ければ、**天井勾配に沿った空気の流れが作り出される**。**ヴォールト状の天井**としたときには、天井面で反射した**音が特定の場所に集まり**、きわめて不快な音環境となる。吸音性を持たせた天井仕上げとする、凹凸を付けて音を乱反射させるなどの対策が不可欠である（参照 6-5-2）。

3階平面図

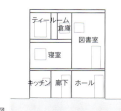

断面図

2階平面図

1階平面図

1/300

Photo Info 梅林の家（妹島和世建築設計事務所）、東京都世田谷区（2003）

キュービックな外形の中に、様々な大きさ・プロポーションの小空間が組み合わされた住宅。それぞれの小空間はスチールプレートで構成され、隣接する小空間とは大小の開口を通じて連結されている。全体へと組み上げていく中で、それぞれの小空間は極端な平面形状や断面形状となっているが、それが空間・環境上の特性につながっている。小住宅ではあるが、プロポーションと隣接関係をデザインすることによって、多様性を持った空間を生み出している。

前川國男邸

5-2 垂直要素としての階段と吹き抜け

　階段や吹き抜けは、建物を垂直方向に貫く要素である。したがって、これらを起点に上下方向の視線のつながりを作り出すことができる。水平方向の移動が主であるシークエンスの展開に、ダイナミックな変化をもたらすものといえよう。

　環境の側面から見れば、垂直方向に伸びる空間では、天井の高い空間同様（参照 5-1-1）、上下での温度差が生じ、空気・熱の流れを作りやすいともいえるし、空気や熱の流れができてしまうともいえる。

　すなわち、階段や吹き抜けの配置によって、空間の豊かさが印象づけられると共に、家全体の環境が左右される。階段や吹き抜けは効果も大きいが、扱いを間違えると影響も大きい、劇薬のような存在なのである。

-1 階段

　階段は一般的に北側に配置されることが多い。一時的な通過動線なので、日照条件の不利な部位へという発想だろう。しかし、階段室を空気の通り道として考えるならば、あえて**家の中心に配置して、外周部から中央上部へとの空気の流れを作り出す**ことも考えられる。特に周囲が建て込んでいて、水平方向に風が抜けにくい敷地においては有効なアイディアといえる。あるいは、階段室を**南側に配置**して、2層にわたる**温室状の集熱空間**として位置づけるというのもひとつの考え方である。面積的な制約から省みられなくなった縁側のような緩衝領域（参照 4-9-2）を、階段室としての役割を重ねあわせることで実現することも考えられる。

　空気の通り道としてみたとき、蹴込みをなくした**スケルトン階段とすれば、空気が流れやすく**、視覚的にも軽やかである。しかし、小さい子どもが段板の隙間に挟まる事故も起きているので、注意喚起が必要である。

-2 吹き抜け

　吹き抜けも、階段同様、上下方向の空気の通り道として位置づけられる。しかし、下部が滞在場所として用いられる場合には**コールドドラフト*対策を講**

▌階段配置と熱・空気の流れ

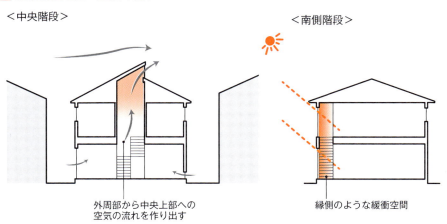

＜中央階段＞　　　　　　　　　　　　　　＜南側階段＞

外周部から中央上部への空気の流れを作り出す　　　縁側のような緩衝空間

* 窓辺などで冷やされた空気が、上から下へとの空気の流れを作り出すこと。冷たい風による気流感が生じ、快適性を大きく損ねる。

じておく必要がある。コールドドラフトへの対策は外周壁や屋根の断熱強化が基本となるが、吹き抜けの面積が小さければ水平ブラインドなどの**水平区画を設ける**ことも考えたい。水平区画を設ければ、気積が抑えられ、冷暖房の効率の向上にもつながる。そもそも、**吹き抜け直下**には、テレビ視聴など**滞在時間の長いアクティビティを割り当てない**という平面計画上の工夫も大切である。また吹き抜け上部にこもった熱が、他の部屋に悪影響を与えないよう、吹き抜けに面する上階の室内開口は建具で閉じられるようにしておくとよい。

また、吹き抜けにおいては、**階を越して音が伝播する**こととなる。思わぬところから音が伝わると、心理的な不快感が増す。静寂を必要とするエリアに音が回らないよう、吸音、遮音にも気を配りたい（参照 6-5-1、6-5-2）。

-3　階段や吹き抜けでの空気と熱の流れ

これらの垂直要素によって、家全体の空気の流れができ、**家の中に風上と風下が形作られる**こととなる。こういった自然の空気の流れに、機械によって作り出される空気の流れを重ねあわせられれば、より効果的である（参照 8-4）。喫煙者がいる場合には、喫煙場所を風下側に配置しておけば、家全体の空気質を良

■ 吹き抜けまわりの熱・空気の流れ

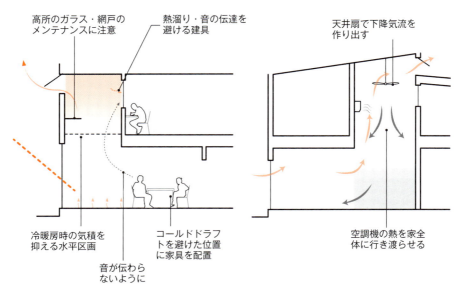

好に保つことにもつながる（参照 4-7-2）。

さらに、階段や吹き抜けを利用して、**熱の流れを重ねあわせる**ことにもつなげられる。**天井扇を階段室上部に設置し**、夏季は熱気を排出し、冬季には逆に暖気を吹き下ろす（参照 8-3-1）。さらに、階段室や吹き抜けの**上部や下部に冷暖房機器**（エアコン、輻射パネルなど）**を設置し**、低出力の機器を連続運転させ、**動線空間ひいては家全体を緩やかに環境制御する**という発想もある（参照 8-2）。

なお、高所に開口部を設ける際は、その開閉方式やガラス・網戸の清掃方法（参照 7-2-2、7-3-3）も忘れずにチェックしておきたい。

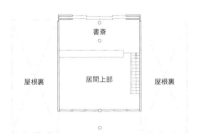
2階平面図

1階平面図

断面図

1/300

Photo Info 前川國男邸（前川國男）、東京都品川区（1942）

1942年、戦時体制で物資が不足する中で建設された前川國男の自邸である。神社を彷彿とさせるかのような急勾配の屋根が妻面を庭に向けて置かれている。平面の中央部は、2層吹き抜けの天井の高い居間となっており、吹き抜け内に上階へと至る階段が設けられている。上階には、北面に開閉可能な開口部が設けられており、排熱・温度差換気への配慮がなされている。現在は江戸東京たてもの園に移築され、公開されている。

ウィチタハウス

5-3 環境装置としての屋根

　建物をどのような屋根形状とするかによって、住宅の外観は大きく印象が変わる。構造・コストへの影響も大きい。法規（参照 3-1-1）や雨仕舞いから軒高や屋根勾配が制約を受ける部分もある。このような観点から屋根の形状が検討・決定されることが多いが、環境的に見れば、屋根は風雨を受け、日差しを受け止める部位でもある。屋根形状によって、室内での空気の流れが左右され、室内への日射の侵入が制御され（参照 6-3-2）、室内環境の形成に大きく影響を与える。環境装置としての屋根形状も考えたい。

-1　空気の流れを作り出す屋根

　前方から吹いてきた風が勾配屋根にあたって跳ね上げられると、その下部に負圧面を生じる。ここに開口を設ければ、室内の空気は外側に引っ張り出されることとなる。この**外部の風による誘引**によって、内から外へ、下から上へとの室内の空気を作り出すことができる。建物上部に溜まった熱の排出に有効である。しかし、風が逆方向から吹いてくると、熱が室内側に押し戻されてしまう。そこで、**面を違えて複数の開口を配する**と様々な風向に対応できるようになる。ただし居住者が風向にあわせて窓の開閉を調整するというのは、現実にはなかなか困難かもしれない。

　もう一つの空気の流れを作り出すアイディアとして、**ソーラーチムニー**がある。塔状のヴォリュームを設けておき、暖められた空気が上方から排出され、同時に下から空気が導き入れられるというものである。いわゆる煙突効果に基づいており、**温度差換気**もしくは**重力換気**と呼ばれる。上部をガラス張りにして太陽熱で暖めることでその効果を高められるが、逆に集熱した熱が室内の温熱環境

■ 屋根形状と室内の空気の流れ

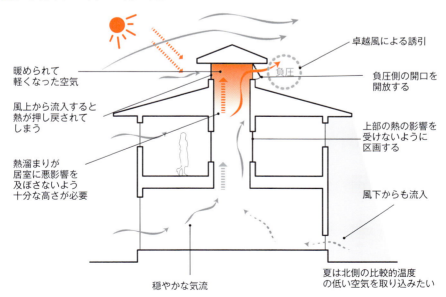

に悪影響を及ぼすおそれがある*。

　空気の流れを作り出すという観点から、屋根の上に突出する**通風塔や越屋根**といった形態が導き出される。外部で風が吹いているときには誘引による割合が支配的であるが、無風のときには温度差によって空気の流れが作り出される。また、外周部から建物上部へと向かう空気の流れとなり、風下側の窓からも風が入ってくることとなる。**不利な時、場所でも通風が得られる**。また、これらのデバイスによって作り出される空気の流れは、**風が感じられるか感じられないかの微弱風**となる。煙を流せば、上方へとゆっくりと糸を引いていくような形である。空気がよどんだ感じがなく、長く風にあたっても身体に負担が少ない。積極的にこういった形で風を採り入れる工夫をしたいところであるが、屋根の上に突出するので、斜線制限には注意が必要である。

-2 軒・庇による日射遮蔽

　また、屋根の大切な役割として日射の遮蔽がある。屋根面での熱の遮蔽（参照 6-3-1）もさることながら、**下部の開口部における日射のコントロール**も重要である（参照 6-3-2）。近年では、フラットルーフのボックス形状やイエ型

▶ 軒と日射遮蔽

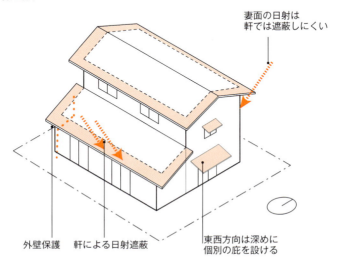

妻面の日射は軒では遮蔽しにくい

外壁保護　軒による日射遮蔽　　東西方向は深めに個別の庇を設ける

＊ 高さ方向に伸びる空間においては、圧力差が生じない中性帯が居室より上のレベルにある必要がある。

で軒のない形状がデザイン的に好まれることも多いが、外壁の保護、雨樋の処理、日射遮蔽等を考えると、**軒、庇の効果は大きい**。軒・庇をデザイン的にどう取り込むことができるのか、チャレンジすべきテーマといえよう。

軒は日射遮蔽という観点からは東西方向が深く、南面は浅めでよいこととなる（参照 6-3-2）。しかし、切妻屋根の場合には、妻側の軒による開口の日射遮蔽は期待しにくい。特に東西面では効果が少ない。開口上部に別途、個別の庇をつけるなどの対応を考えたい。

-3 屋根面での太陽エネルギー利用

また、屋根面は周囲の障害物による日影となりにくいので、**太陽光発電パネルや太陽熱温水パネルの設置、空気集熱**を行うことも考えられる。これらの**効率を考慮する**ことから、屋根形状が導き出される面もある（参照 8-7-1、8-7-2）。必ずしも効率だけで屋根形状を決めなくてもよいが、そこで求められる大きさや勾配が、デザインの糸口となるかもしれない。デザインを展開させるための一つのアイディアとしてとらえたい。

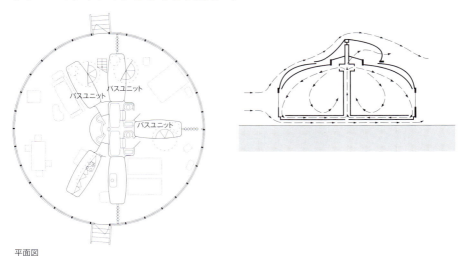

平面図

Photo Info ウィチタハウス（バックミンスター・フラー）、アメリカ カンザス州（1947）

六角形平面のダイマキシオンハウスをベースとして、プレファブリケーション可能な規格化住宅として提案されたものであるが、現実には量産されることはなかった。円形平面の中心部に建物を支えるシャフトがあり、その頂部にとさかのような換気装置が設けられている。円形平面のため、シャフトからの距離が等しく、気流が家全体に行き渡る計画となっている。環境装置としての屋根形状が提案され、さらにそれとリンクした平面形状となっている。

House SA

5-4 床の高さ

　一般的に、床は水平移動に適するようにフラットに構成される。しかし、段差があると水平移動の制約が生じ、結果としてそこに領域が形作られる。すなわち床の高さの違いによって、場所性を作り出すこともできるのである。

　水平な床では視線の移動もフラットであるが、床の高さが異なれば断面的に斜め方向の視線が生じ、変化に富んだ空間構成となる。一方で、高齢期には歩行能力が低下するので、ちょっとした段差でも大きな活動の支障となる（ 参照 4-8-4）。床の高さに変化を与えるのは、心理的な影響にとどまらず、アクティビティに直接的な影響を及ぼす。天井高さの変化に比べて直接的であり、効果も大きいが、影響も大きいといえよう。慎重に扱うべきテーマである。

-1 玄関・土間

靴の脱ぎ履きがなされる玄関は、最も一般的に見られる床段差である。土足のエリアを一段下げることによって、**砂埃や水滴の室内への侵入を防ぐ**意味合いがある。同様の意図から、汚れ作業などに対応した土間が設けられることもある。汚れが気にならず、水にも強いタフな床仕上げとすることで、使いでのあるスペースとなる（参照▶ 4-9-1）。

環境的に見れば、土間床は**熱容量が大きい**のでそれを利用して安定した温熱環境へと結びつけることも可能である（参照▶ 6-2-2）。しかし、外部と連続するような土間空間では、夏季にはひんやりとした環境が提供されるが、冬季には連続的な暖房が行われるのでなければ、熱は蓄えられず、逆に冷気が上がってくることとなる。**居室とは区画できるように**しておいた方が無難であろう。

-2 小上がり

居室内に、腰掛けられるような**少し高い床面**を部分的に設けておくというアイディアもある。フローリングの床面に対して、畳の床を一段高いところに設定し、床座で用いられる場所とする考え方である。**上足エリアの中の更なる上段**といった位置づけとなる。

▰ 床高さの変化

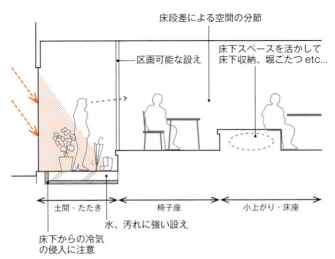

さらに、その高さを活用して掘りごたつ状としたり、その下部を床下収納としたりといった形に展開可能である。床座と椅子座が混在する日本ならではの建築的アイディアといえよう。床に寝転がるのには抵抗があっても、小上がりであれば心理的な抵抗が少なくなる。より快適な居場所とするべく、床暖房（参照 8-2-3）と組み合わせていくことも考えられよう。

-3　スキップフロア

　さらに、段階的に床の高さを変えて、領域を連続させていくスキップフロアという考え方もある。**徐々に床が上がっていくことで、空間の連続性**がより強調される。水平方向だけでなく、高さ方向にも拡がっていく空間となり、斜めの視線のつながりを作り出すことができる。高さの違いによって、**場所間やひと間の微妙な距離感を生み出す**ことも可能である。変化に富み、子どもが楽しめる空間といえよう。ただし、それぞれの床の間のレベル差は大きくなくとも、日常的な移動の際に段差を経由しなければならないこととなり、**高齢期には結構な負担**となる。スキップフロアとするとしても、高齢期の日常活動エリアを想定しておくことが必要だろう。

　床段差で空間を演出することが考えられる一方で、敷居など数十mm程度の**小さい段差**は認識されにくく、躓いて転倒する原因となる（参照 4-8-4）。基本

▶ スキップフロア　　　　　▶ 宙に浮いた床面の断熱補強

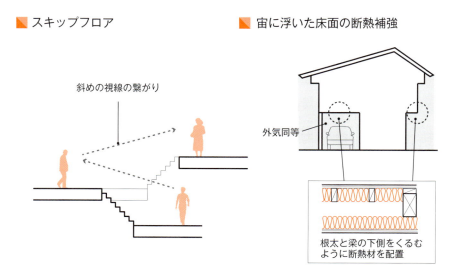

的になくすべきである。

-4 宙に浮いた床面

断面的に諸室を組み合わせていく中で、2階の床を空中に張り出させて下部をポーチとするような場合がある。**下部がピロティ状で吹きさらしとなると、床面は外気の影響を強く受けることとなり、冬季には床の表面温度が低くなる**。床面は身体（足）が直接触れる部位であり、温冷感に強い影響を与える。根太間に断熱材を充填する形だと、根太がヒートブリッジとなってしまう。断熱材を厚くするのは当然として（参照 6-1-4）、根太や床下地の**下側をくるむ位置にも断熱材を配置**したい。居室の下部がガレージのような場合にも、下部は外気同等となるので、同様の配慮が求められる。

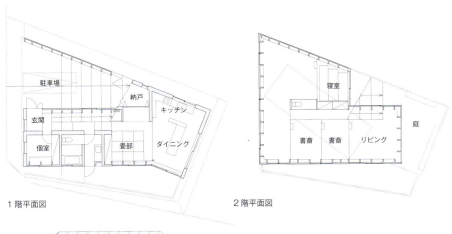

1階平面図　　　　　　2階平面図

断面図

Photo Info House SA（坂本一成研究室）、神奈川県川崎市（1999）

緩やかならせん状に構成された住宅。諸室は連続的に設けられているが、床レベル差によって、自然に領域が形作られる仕掛けとなっている。両端には寝室とDKというプライバシー性の高い機能があてられ、その中間は段状の書斎となっている。室内環境としても、均一というより場所性が生じるものとなる。屋根には、南に正対するようにOMソーラー（参照 8-3-3）の集熱面が置かれ、建物外形と結ばれることで、特徴的なねじれた屋根・天井面を生み出している。

6 内装・外装を考える

　建築の内・外装は、いうなれば**衣服のようなもの**である。人間の近傍にあって、身体を包みこみ、外界の気象変動を和らげて、人間にとって快適な環境を作り出す。

　衣服の役割として、体温の保持、身体の防護、プライバシーの確保、さらに自己表現といったことが挙げられる。そのための性能として、暖かいという保温性、日差しを遮る遮熱性、蒸れないという通気性、汗を吸う吸汗性、動きに追随する伸縮性、感触のよい肌触りなどが挙げられる。建築と衣服とは空間的・時間的なスケールが異なるので、衣服に求められる性能をそのまま建築にあてはめるということにはならないが、内・外装の性能を考えるにあたって、十分参考にできるであろう。また、季節や好みにあわせて適宜コーディネーションを替えるといった衣服のような手軽さは、建築の内・外装においては求めにくい。**長期間にわたって身体を包む皮膜**として、十分な内・外装の検討を行わなければならない。

　この100年で、日本の住宅の内・外装の構成は、求められる性能の多様化・高度化に伴って、大きく変化してきた。まだまだ模索される状態でもある。多くの役割が求められる内・外装をどうデザインに結びつけていくのか、大きな課題といえよう。

臥竜山の家

6-1 基本としての断熱性能を確保する

　外部の気温が変動する中で、良好な室内温熱環境を確保するためには、外周部に断熱性能を付与することが求められる。建築の基本的な性能の一つといえる。

　冷暖房に関わるエネルギー消費のシミュレーションを行うと[*1]、断熱性能を高めていくと、暖房負荷が大きく減り、同時に冷房負荷が若干増えるという結果となる。すなわち断熱材を入れれば入れるほど、通年での消費エネルギーは削減されていく。断熱材のコストはそれほど大きいものではない。費用対効果の高い性能向上といえる。しかし、断熱材を敷設するスペースにも限りがある。適切な仕様・量を適切な位置に配置したい。

---

*1　断熱区分Ⅳ地域（平成11年基準）で一定の冷暖房がなされる前提での通年の消費エネルギー。

-1 断熱材の指定

確保されるべき断熱性能は、**地域区分**(参照 2-1-1)によって異なる。必要な断熱材の種類および厚さを決定するには、H25年に改正された「住宅・建築物の省エネルギー基準」に則ることが目安となるが、その算出方法は煩雑である[*2]。実務上は、**H11年の省エネ基準に沿った断熱仕様**を参考にするとよい[*3]。

一般的な断熱材として、繊維系(グラスウール、ロックウールなど)、発泡成形板(ウレタン、ポリスチレン、フェノールなど)、現場発泡(ウレタン吹き付け)などがある。いずれも、重量(kg/㎥)などによって大きな性能の差が出てくる。**材質・厚みだけでなく熱伝導率も考慮した品番指定**の必要がある。成形板などの硬質の断熱材と繊維系の軟質の断熱材とで、施工性は一長一短であり、隙間が生じやすい部位も異なってくる。いずれもていねいな施工管理が求められる。

-2 壁の断熱ライン

木造住宅における壁内の断熱材の位置について、軸組部材と同一面内に配する充填断熱と、軸組部材の外側をくるむように配置する外断熱とがある。

■ 断熱仕様

省エネルギー対策等級4をクリアするために必要な断熱材の厚さ
(在来木造、充填断熱工法の場合)

部位		必要な熱抵抗値 [㎡·K/W]	断熱材の種類・厚さ[mm]	
	断熱材厚さ		グラスウール 24k	ポリスチレンフォーム(押出法)3種
屋根又は天井	屋根	4.6	185	130
	天井	4.0	160	115
壁		2.2	90	65
床	外気に接する部分	3.3	135	95
	その他の部分	2.2	90	65

出典:【フラット35】【フラット35S】技術基準対応木造工事仕様書

■ 充填断熱と外断熱

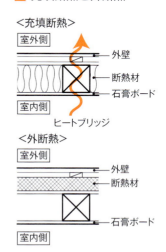

---

*2 (独)建築研究所や(一社)日本サステナブル建築協会から、算出用のプログラムがHP上で提供されている。
*3 住宅金融支援機構 フラット35の技術基準の早見表が便利。

充填断熱の場合、軸組材部は熱橋（ヒートブリッジ）（参照 6-1-5）となる。また、ホールダウン金物や羽子板ボルトなどの**接合金物部で隙間が生じがち**で、断熱上の弱点となる。

外断熱の場合、すっぽりと外側をくるむので、熱橋・隙間が生じず、**断熱ラインの信頼性は高い**。ただし、外装材を断熱材の外側に持ち出して取り付けるため、**建設コストは増す**し、重量のある外装材の地震時の剥落などが懸念される。

-3　床下の断熱ライン

1階床の断熱については、床面の根太間に断熱材を設置する**床断熱**と、基礎立ち上がり部に板状断熱材を張る**基礎断熱**とがある。床下の空間を、断熱ラインの外側とするか内側にとるかの違いである。一般的には床断熱が採用されるが、寒冷地では基礎断熱工法が適用される例も多い。温熱環境的に見れば、基礎断熱では**基礎コンクリートの熱容量を利用して、安定した温熱環境につなげられる**（参照 6-2）。しかし、断熱区画の気積が増え、必ずしも**エネルギー効率は高くない**。また、床下空気の滞留の防止など課題も多い。

-4　断熱補強

また、**ピロティ上部の床面は、外気に接する床として断熱補強**が必要となる。同様に、車庫や倉庫など外気に近い部屋に接するときには、室間の間仕

▶ 床下の断熱ライン

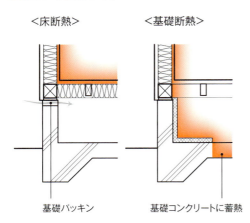

<床断熱>　　<基礎断熱>

基礎パッキン　　基礎コンクリートに蓄熱

▶ 熱橋の写真

サーモカメラで見ると間柱が浮かび上がる。

-5 熱橋（ヒートブリッジ）

断熱区画の**内外を貫通する躯体や部材がある**と、そこを伝って外部との熱のやりとりが発生してしまう。熱橋（ヒートブリッジ）と呼ばれる現象で、断熱性能の低下や局部的な結露に結びつく。特に**鉄骨造の場合は、躯体の熱伝導率が高いので、注意が必要**である。軒先等を含めて、鉄骨を断熱ラインの内側に納めるべきである。RC造で室内側に断熱材を配する場合は、コンクリート躯体が熱橋となってしまう。断熱材を室内側に折り返しておく必要がある[*4]。木造の充填断熱の場合、軸組材部が熱橋となる。在来軸組構法・2×4工法いずれも、軸組材の見付面積は意外と大きい。かなりの断熱性能の低下となってしまう。

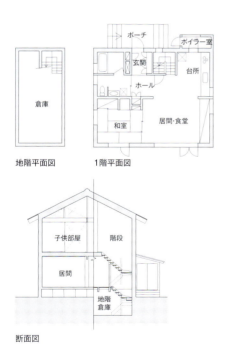

地階平面図　1階平面図　2階平面図

断面図

1/300

Photo Info 臥竜山の家（西方設計＋室蘭工業大学鎌田研究室）、秋田県能代市（2006）

温熱環境に関わる住宅の消費エネルギーを抑えるべく、グラスウールを壁に230mm、屋根に400mm敷設し、熱損失係数Q値[*5]0.66という高い断熱性能を実現している。シンプルなヴォリューム形状として、外表面積を抑え（参照▶3-2-3）、外周壁は断熱性能の高い厚い壁としている。厚さが醸し出す壁の強さが活かされ、輪郭がはっきりとした存在感のある住まいとなっている。内部環境を守るという、安心感を与える住まいのあり方である。

[*4] 住宅金融支援機構　フラット35Sの技術基準において、RC造住宅の構造熱橋部の断熱補強範囲（450~900mm）が示されている。

[*5] 温度差1℃において1時間に床面積1㎡当たりに逃げ出す熱量のこと。単位はW/㎡・K。家全体の断熱性能の指標であり、値が小さいほど断熱性能が高い。平成11年省エネ基準では、Ⅳ地域で2.7となっている。

コンクリートルーバーの家

6-2 熱を蓄える

　外からの熱の影響を軽減する断熱という発想に対して、より積極的に家の中での熱の動きをコントロールするという考え方もある。季節の中だけでなく、一日の中でも温度変化がある。この温度変化を利用して、熱を蓄えておき、タイムラグを持たせて然るべきときにその熱を使うことができれば、冷暖房機器の負担を少なくすることができる。6-1節で述べた断熱性能の確保が基本だとすれば、この蓄熱という考え方は応用として位置づけられるだろう。

-1 熱容量と室内環境

　石を暖めるには時間がかかるが、ひとたび暖まるとなかなか冷めない。熱を蓄えておく能力－熱容量が大きいがゆえである。同様に、室内の**熱容量**が大きければ、気温が上昇しているときには熱を吸収する形となり、室温はなかなか上昇しない。逆に、気温が下降する局面では熱を放出し、室温はあまり下がらない。気温は一日の中で上下動をするが、熱容量の大きな部屋は、部屋自体が時間をかけて熱を吸収・放出するので、**タイムラグができると共に、室温の変動幅を抑えることができ、安定した温熱環境**となる。

　一方、冷暖房を行うことを考えると、熱容量が大きいと、**冷暖房の立ち上がりが遅く**なり、機器を作動させてもなかなか冷えない（温まらない）こととなる。空気が冷えて（温まって）も、床や壁からの輻射で涼しく（暖かく）感じられない。不在がちの家では、帰宅時に冷暖房機器を作動させても効果が出にくく、熱容量の大きさがマイナスに働く部分もある。また夏季の夕方には、日中の熱が残りやすく、外が涼しくなってきたのに、家の中が蒸し暑く感じられることもある。

-2 熱容量と素材

　熱容量の大きい素材として、石やタイル、コンクリートなどが挙げられる。こ

■ 蓄熱の概念　　　　　　　　■ 熱容量の大きい居室の室温変化

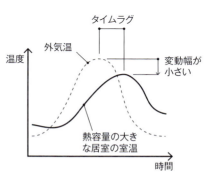

辻原万規彦監修、今村仁美・田中美都著：図説やさしい建築環境、学芸出版社（2009）

れらは重量のあるものが多い。概して**木造住宅**は重量が軽く、**熱容量が小さい**ので、安定した室内環境とするためには、熱容量を大きくする工夫をしておきたい。それには、**断熱ラインの内側に熱容量の大きな素材を配しておけ**ばよい。土塗壁やタイル貼りの床（参照 5-4-1）、基礎コンクリート（参照 6-1）などが挙げられる。特殊ではあるが、ケーシングに納められた潜熱蓄熱材*を利用することも考えられる。塗壁といっても、ボード下地に数 mm のプラスターを薄塗りした程度では、あまり大きな効果は期待できない。

RC 造の建物の場合、**外断熱とすることでコンクリート躯体そのものに熱を蓄える**ことができる。ただし外装材の構法・仕上げに制約が出てくるし、コストも高いものとなる。

-3　ダイレクトゲインとナイトパージ

熱容量の大きさを積極的に活用する方策として、**冬季のダイレクトゲインや夏季のナイトパージ**（参照 8-3-2）がある。冬季は、日中に、**日射熱を熱容量の大きな床・壁に蓄えておき、寒くなる夕方以降にその熱を室内へと放熱させる**。「暖房」というよりは、床・壁がほんのり暖かいといった状態である。タイルや石を陽に当たる位置に置き、日射熱を吸収しやすいよう濃色としておくと効果的である。夏季には、逆に熱を溜め込まないよう、日射があたらない工夫をしておかなければならない。

■ ダイレクトゲイン

南側のタイルが蓄熱し、表面温度が高くなっている。

■ 潜熱蓄熱材

---

*　固体と液体の相変化を利用して熱を蓄えさせる材料。融解時に熱を吸収し、凝固時に熱を放出する。

第6章 内装・外装を考える

　夏季のナイトパージは、**気温の下がる夜間から明け方にかけて、室内に冷たい外気を導入し、その冷熱を蓄えておく**ことで、翌朝しばらくはひんやりとした温熱環境が実現するものである（参照 8-3-2）。

　ただし、ダイレクトゲイン・ナイトパージいずれも、冷暖房機器ほど低・高温の熱が供給されることとはならないし、利用できる熱の量も限りがある。また、蓄えた熱を利用するにあたっては、家電のスイッチを入り切るように簡便に制御できるわけではない。**住まい手の理解、環境に対するリテラシーが不可欠**といえよう。

Photo Info　コンクリートルーバーの家（WAA ARCHITECTS）、埼玉県深谷市（2008）

木造住宅でありながら、コンクリート素材でできたルーバーが南面に設けられた住宅。南面の大開口から日射を取得し、さらに熱容量の大きなコンクリートに蓄熱することが目されている。トロンブ・ウォール*のような形となるが、眺望を損なわないように、ルーバー状となっている。ルーバーは、熱を吸収しやすいように、南側が黒色に塗装されており、太陽高度の低い冬季にのみ陽があたるように軒から奥まった位置に配されている。

＊ ガラス面の内側にコンクリート壁を配し、集熱した太陽熱をコンクリート躯体に蓄え、夜間に室内に向けて放熱させるシステム。考案者の名を付して「トロンブ・ウォール」と呼ばれる。

屋根の家
撮影　新建築社写真部

6-3　日射・熱を遮蔽する

　中間期の天気のいい日に公園緑地に佇む人々をプロットしてみれば、その多くが木陰にいることがわかる。自然な習性として、それぞれが熱をさけ、まぶしくない場所を選んだ結果であろう。快適な環境を作るためのスタートが日射の遮蔽にあることが読み取られよう。住まいにも、樹木同様に日射を遮蔽して日陰を作り出す役割が期待される。その役割を担うのは、主として屋根となる。屋根には、耐候性、雨仕舞いに加えて、日射を遮蔽し、遮熱する性能が求められる。

-1　遮熱

　太陽に照らされた屋根の表面温度は、素材にもよるが60℃を超える程の高温となる。日射が直達しないとしても、身近に60℃の放熱体があれば、遠赤外線サウナのような状態となる。屋根面の熱が室内に侵入しないように遮ることが大切である。それには、まず**屋根の断熱性能を高める**ことが重要である（参照 6-1-1）。屋根面は、過酷な日射を受けるので、他の部位に比べて、より高い断熱性能を付与させる必要がある。もちろん、冬季の室内の熱を逃がさないことにもつながる。

　そもそも**屋根の表面温度の上昇を抑える**ためには、屋根面に**遮熱塗料**（高日射反射率塗料）を施したり、白色系の仕上げとしたりすることが有効である。遮熱塗料は熱になりやすい近赤外線領域の反射率を高めたものであり、断熱性能があるわけではないので、冬季の温熱環境には寄与しない。そもそもしっかりと断熱されていれば、屋根表面の熱の室内への影響はそれほど大きくはないはずである。遮熱塗料は、むしろ輻射による**周辺への熱の影響を軽減**することに効果的といえよう。また、白色系の屋根とする場合、汚れが目立ちやすくなるだけでなく、屋根が反射してまぶしくなる。**屋根面の反射**が周囲に悪影響を与えないか、確認しておく必要がある。

▌屋上緑化による熱の影響の軽減

表面温度　・屋上緑化(芝生部)　36℃
　　　　　・ウッドデッキ部　　45〜50℃
　　　　　・アスファルト部　　55〜60℃

-2 日射遮蔽

もう一つの屋根による温熱環境に関わる制御として、**庇や軒による開口部への日射の遮蔽**が挙げられる（ 参照 5-3-2）。適切な軒の出寸法とすることで、**太陽高度の高い夏季の日射を遮り、太陽高度の低い冬季の日射を取り込む**ことが可能となる。よく図に示すような、庇による日射遮蔽の概念が示されるが、ここで気をつけるべきは、遮る日射の角度を**夏至の南中高度で設定するだけでは不十分**だということである。東京を例に挙げれば、夏至（6月）の南中太陽高度は78°であるが、最も暑さが厳しいのは7月下旬から8月下旬にかけてであり、その時季には夏至時より南中高度はずっと下がっている（8月15日で68°）。かつ、外気温が最も高くなる14時頃は南中時刻を過ぎており、さらに太陽高度が低い。南に正対する高さ2,000mmの開口に対して、夏至南中時の日射をカットするだけならば450mm程度の出寸法でよいということになるが、盛夏の8月15日の14時の日射を切るには1,300mmが必要となる。もちろん冬季から中間期にかけては日射の取得を考える必要があるが、ある程度深めの軒寸法としておきたい。また、開口部からの直接の日射の侵入だけでなく、日射に照らされた地面からの輻射による影響もある。幅方向に関しても、開口の直上だけでなく、大きめ（広め）に遮蔽しておくとよい。

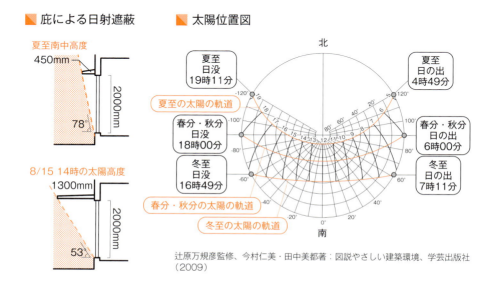

■ 庇による日射遮蔽　　■ 太陽位置図

辻原万規彦監修、今村仁美・田中美都著：図説やさしい建築環境、学芸出版社（2009）

-3 浮き屋根

　太陽の日射熱が躯体に伝わらないように、屋根自体を躯体から浮かして設置する「浮き屋根（二重屋根）」という考え方もある。伝統的な蔵造りなどで見られる手法である。コストもかかり、一般的ではないと思われるが、実は、屋根上に敷設される太陽光発電パネルや太陽熱温水パネルなど（参照 8-7-1、8-7-2）は、**通気層を確保したパネルが敷設される形式であれば、浮き屋根同等**の形となり、日射の影響の軽減に寄与する。太陽光発電パネルは高温となると発電効率が落ちるので、通気層を設けることでパネルの温度上昇を抑えられるというメリットもある。

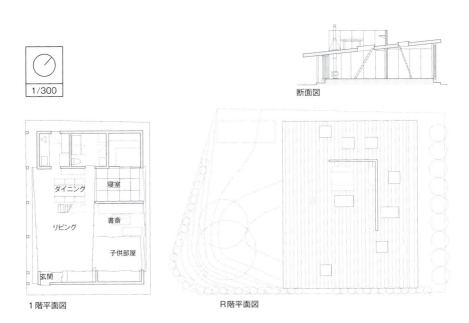

Photo Info 屋根の家（手塚貴晴＋手塚由比／手塚建築研究所）、神奈川県秦野市（2001）

平屋の平面を大きく覆う屋根を設け、屋根の上をもう一つの活動場所と位置づけた住宅である。敷地は西下がりの斜面－西からの日射にさらされる立地にあるが、西下がりの屋根形状とし、さらに深い軒寸法を確保することで、室内への日射の侵入を注意深く防いでいる。それは、屋根上での西側への眺望を確保することにもつながっている。さらに、屋根全面に木製デッキが敷設されており、二重屋根として、躯体に直接熱を伝えないような形となっている。

守谷の家
撮影　新建築社写真部

6-4　湿気をコントロールする

　湿度にも、気温同様の季節変化がある。平均気温と平均湿度をプロットしたクリモグラフ[*1]からは、日本では気温が高いときに高湿となる傾向が読み取られる。夏季の高温多湿が、日本の住まいの大きな課題となる。しかし、住宅における湿度のコントロールは、居住者が持ち込む除湿器や加湿器でなされることが多いため、設計者は湿度のコントロールをあまり意識しないのが実状である。

　実際には、室温26℃でも湿度が高ければ蒸し暑く感じるし、室温22℃でも湿度が低ければ肌寒く感じる。同じ室温でも、湿度の高低によって快適さは異なってくる。設計者として、日頃から携帯用の温湿度計を持ち歩き、気温と湿度に対する感覚を養っておきたい。

[*1]　縦軸に月別平均気温、横軸に月別平均湿度をプロットして月順に結んだグラフ。

-1　湿気の除去

　湿度のもととなる水蒸気は、調理時の煮炊きや浴室の湯気などから発生する。**発生源（キッチン、浴室）の近くに換気扇を設置**して、すみやかに排出することが基本となる（参照 8-4）。しかし水蒸気は、外気や居住者の呼気にも含まれている。すでに室内空気中に含まれる水蒸気を除去する手立てはそれほど多くはなく、**除湿器やエアコンといった機器を用いる**ことになる。

　そもそも、敷地周囲がジメジメしている場合には（参照 2-2-3）給気口から湿った空気が流入することとなる。給気口の位置を地面から離して高所とする（参照 8-4-4）、湿気が上がって来ないように犬走りに土間コンクリートを打設する、といった対策を講じておきたい。

-2　加湿

　暖房時、燃焼を伴わない機器を用いると、室温上昇と共に相対湿度は低下し、空気が乾燥する。空気が乾燥しすぎると、のどの粘膜の防御機能が低下し、風邪にかかりやすくなるといわれている。そのような場合には**加湿器**が有効である。植物を置くことで補われる部分もあるが、多くは期待できない。心理的な効果の方が大きいだろう。

■ クリモグラフ

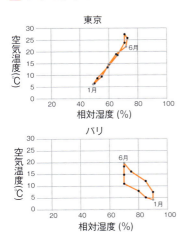

データ出典　東京　気象庁HP
データ出典　バリ　weatherbase HP

■ 湿気対策

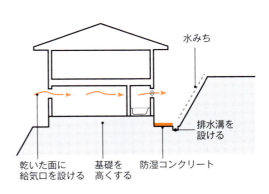

-3 壁内結露

木造住宅の場合、水蒸気を含む空気が室内から壁内に流れ込み、それが冷やされると、**壁内で結露**を生じ、カビや腐朽菌の発生につながる。そこで、**壁内に湿気が入らないように、適切に防湿ラインを設定する**ことが求められる。内装側に透湿抵抗の高い防湿層を設けておくことが肝要である。気密層（ 参照 6-6-3）と同様で、ポリエチレンシートなどの**防湿気密シート**が用いられる。特に、グラスウールなどの繊維系の断熱材は水に濡れると、断熱性能が低下する。防湿層が必須である。

さらに、外壁側に通気層を確保して、**壁内に入ってしまった水蒸気を排出する外壁通気構法**とするとより有効である。外壁側には雨水の浸入を防ぎ、壁内の湿気を通す**透湿防水シート**を配する。防湿気密シートと透湿防水シートは性能、役割が異なるので、混同しないようにしたい。

-4 調湿建材

しかし、防湿層でくるむだけでは、身体をビニールでくるむようなもので、蒸れてしまう。室内側の内装を、衣服のように吸放湿性を持ったものとすることができれば、より身体になじむ室内環境となろう。

■ 外壁通気構法

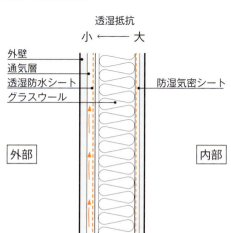

■ 調湿建材

洗面所の壁面に用いられた調湿タイル

第6章　内装・外装を考える

　調湿建材は、**多孔質で吸放湿性のある建材**（調湿タイル、珪藻土、漆喰塗壁など）であり、湿度が高いときは水蒸気を吸着し、湿度が低くなると放出する。しかし、ずっと吸湿し続けるわけではなく、ある段階で飽和状態に達してしまう。そもそも、その吸放湿量は、壁一面に敷設したとしても1台の除湿器には遠く及ばない。蒸し暑いのをカラリとさせる、というほどの調湿が行われるわけではない。機器を使っての除湿と比較すれば、その効果は限定的である[*2]。

　これらの多孔質の材料には、**臭いやホルムアルデヒドなどを吸着する性能**を謳うものも多い。一方で、多孔質であるがゆえにひとたび汚れがつくと**汚れが落としにく**かったりもする。また、塗壁は部分補修をするとかえって目立つ、といったメンテナンス上の課題もある。居住者に十分な理解を求めておく必要があろう。

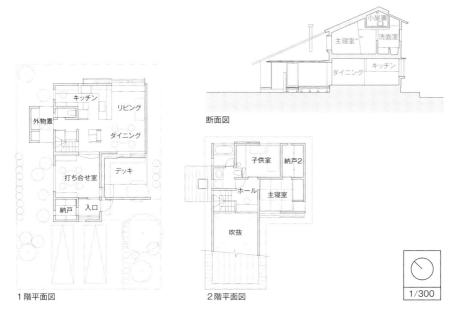

1階平面図　　2階平面図　　1/300

Photo Info　守谷の家（伊礼智設計室）、茨城県守谷市（2010）
南面に向かって大きくせり出してきた屋根が特徴的な住宅である。北側に緑道があることから、南北方向の軸を意識させるヴォリューム形状となっている。特徴的な屋根面での空気集熱（参照 8-3-3）に加えて、燃料電池（参照 8-1-1）、さらに薪ストーブと、異なる技術レベルの熱源が組み合わされている。リビングでは、薪ストーブ同様のローテクな環境制御の一環として、火山灰を利用した調湿性左官塗壁が採用され、親自然的な印象を与えている。

*2　除湿器が1日当たり10リットル内外の除湿量があるのに比して、調湿建材の基準では12時間後の吸湿量が29g/m²以上となっている。

ナチュラルユニット

6-5 遮音・吸音性能を備える

　イヤフォンで音楽を楽しむことで手軽に自分の世界に浸ることができる。すなわち、音環境は領域感の形成に大きな影響を与える。逆に集合住宅で音環境をめぐるトラブルやクレームが多いことからわかるように、自分の領域に不快な音が侵入してくれば、防衛的な反応を示す。音は、生活に密接に結びついた環境要素のひとつといえよう。

　写真に映せば同じ白い部屋でも、音を反射する壁で囲まれた部屋と音を吸収する壁で囲まれた部屋では、その中に立ったときの存在感はまったく違って感じられる。住まいにおける音環境にも意識を向けていきたい。

-1 住戸間の遮音

まず意識されるべき音の問題として、**集合住宅での住戸間の遮音**がある。プライバシーの確保、安心しての静養といった観点から、他所からの不要、不快な音の侵入を防ぎたい。**壁を通じての空気音の伝播、床を通しての衝撃音の伝播**を気にする必要がある。**遮音性能は基本的に重量に左右される**ので、構造躯体を重量のあるコンクリートとしたり、所定の遮音等級が確保された壁構法や床下地などを採用したりといった対策をとる[1]。最近の集合住宅では、コンクリートスラブ厚さ20cm以上というものも多いが、古い集合住宅では12cm程度しかないケースもある。そういった住戸の改修の際には、あらかじめ**遮音性能の向上には限界がある**ことを居住者に伝えておくべきだろう。また、住戸間の界壁がコンクリートであっても、その上に石膏ボード直貼り構法（GL構法）とすると遮音性能が低下する現象が生じるので、注意が必要である。

集合住宅の**床仕上げとしてフローリング**が一般的であるが、**軽量衝撃音が生じやすく**、音環境的には配慮が必要である。遮音対策を講じた床下地とすることが望ましいが、その場合**フワフワとした歩行感**となり、硬い表面素材との間で違和感が残る。これも居住者に理解を求めておくしかない。

▌集合住宅における遮音

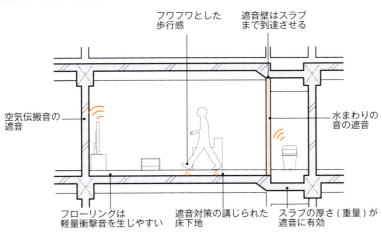

---

[1] JISによって、空気音の遮音性能等級D値、固体音の遮音性能等級L値が定められている。住宅性能表示「8.遮音対策（音環境）」に詳しい。

-2 住宅内での吸音

　一般的に住宅に用いられる内装材はフローリング、ボード下地のビニルクロスなどであり、かつての畳や襖などで囲まれていた住まいと比べると、音が響きやすくなっている[*2]。吸音への最低限の配慮は行っておきたい。

　LDK では、テレビの視聴、調理、会話など複数の行為が同時に行われることが多い。他者が作り出す音が邪魔に感じられる場面もある。調理の音が気になって、テレビのヴォリュームが上げられ、そのためにダイニングでの会話が大声となる、といったことが起こりかねない。**音が響きすぎると**、知らず知らずのうちに**心理的な負担となる。内装材に吸音性能を持たせ、音圧レベルを下げる**ことを考えておきたい。特に天井の高い空間（ 参照 5-1-1）、**気積の大きい空間では残響時間が長くなり**がちで、平行面でのフラッターエコー[*3]も懸念される。

　吸音性を持った内装材として、岩綿吸音板、有孔ボードなどが挙げられる。吸音性素材は柔らかい、もしくは衝撃に弱い物が多いので、**吸音の部位としては天井面が現実的**である。有孔ボードを壁に用いると、孔にホコリがたまりやすく、清掃が容易ではない。

▎住宅における吸音と遮音

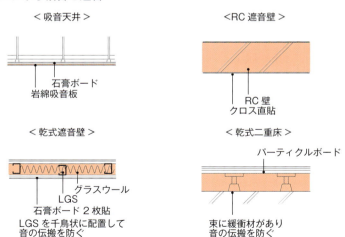

＜吸音天井＞
石膏ボード
岩綿吸音板

＜RC 遮音壁＞
RC 壁
クロス直貼

＜乾式遮音壁＞
グラスウール
LGS
石膏ボード 2 枚貼
LGS を千鳥状に配置して音の伝搬を防ぐ

＜乾式二重床＞
パーティクルボード
束に緩衝材があり音の伝搬を防ぐ

[*2] 残響時間は、室容積と比例し、内表面積と反比例する。残響時間が長すぎると明瞭度が落ち、会話がしづらくなる。

[*3] 平行な壁面や床・天井面の間で音が反射を繰り返し、ビリついた音が生じる現象。鳴き竜ともいう。

布製のソファや書籍などが室内に持ち込まれることで、吸音面が増えたり、乱反射したりして、音環境が改善される部分も多い。厚手のカーテンやタペストリーなどを装備するのもひとつの手である。設計段階での対策とあわせて考えたい。

-3 住宅内での遮音

個室の独立性を重視する中で、個室と共用空間（廊下など）との間の遮音性能が求められることもある（参照▶ 4-5-1）。しかし、遮音性を高め、個室内での静寂を求めても、人間の耳には**周囲が静かになれば**感度が上がるという特性があり、**より小さな音が気になる**といった現象が生じる。むやみに遮音性能を高めればいいというものでもない。

一方、**水まわり諸室とリビングとの間の隔壁**にはグラスウールを充填し、**遮音を考えたい**。くつろいでいる横で不快な排泄音が聞こえないよう配慮したい。

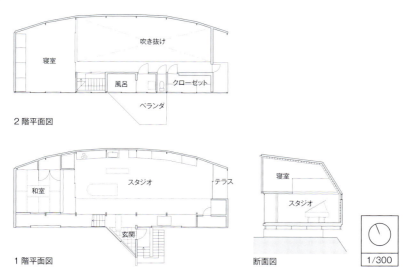

Photo Info ナチュラルユニット（EDH 遠藤設計室＋池田昌弘建築研究所）、神奈川県横浜市（1999）

音楽家夫妻のためのスタジオが併設された住宅である。フラッターエコーが生じないように、平面、断面とも平行面が生じない3次曲面のヴォリューム形状となっている。遮音性能から RC 造とすることが必要とされ、型枠となるパネルの割付を同じにするため、キッチン部で湾曲した平面形状と連動して、屋根が中央部で下にたわむ形状が導き出されている。音環境から、構造、ヴォリューム形状までが、連動して決定されたものである。

山形エコハウス

6-6 すきま風を防ぐ

　建築においては、床・壁・屋根等の部位に応じて、それぞれ求められる性能、構成するための構法が大きく異なってくる。衣服のように、同じ素材で全周をくるむシームレスな皮膜というようなものにはならない。
　したがって、建築は多くの部材のアセンブリーとして構成され、結果として、多くの取り合いが発生する。その組み合わせが不適切だったり、取り合い部分で不具合があったりすれば、それぞれの部位で想定された性能が発揮されないこととなる。発生せざるを得ない取り合い部分という弱点を、どう補っていくのかが課題である。

-1　厚い壁

　壁を構成するにあたって、一つの素材・レイヤーで、壁に求められるすべての役割を満たすことは難しい。役割の異なる素材、レイヤーを組み合わせていくこととなるが、それらを重ねていく中で、**壁厚は増していく傾向**となる。

　かつての日本の住まいは、真壁のように、柱の径より薄い壁厚で構成されることも珍しくなかった。しかし、耐震要素としての筋違いが入り、断熱材が充填される中で、柱の外側に壁装材を配する**大壁**が一般的となってきた。外断熱工法や外壁通気構法となると、さらに、壁厚は増すこととなる。

　敷地面積がコンパクトな場合、外形が一緒であれば、**壁厚が増した分、室内の内法面積は小さく**ならざるを得ない。狭小敷地では、この壁厚が意外と大きなロスとなる。2階建て、100㎡程度の建物を想定すれば、外周の壁厚が5cm増すと3㎡程度、10cmでは6㎡程度のロスにつながる。床面積の3～6%にもあたる。決して小さい数字ではない。組積造の伝統を持つヨーロッパの住宅では壁厚が30～40cmあるものも少なくないが、日本では、先に述べたように薄い壁の歴史があり、敷地面積の制約も厳しく、壁を厚くしていくことへの理解を得にくい。増していく壁厚をどう取り扱うのか、アイディアが問われるところである。

▌ 壁厚の比較

＜真壁＞

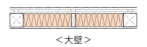
＜大壁＞

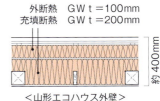
＜山形エコハウス外壁＞

▌ ヨーロッパの住宅の壁断面

-2 ダブルスキン

　1枚の厚い壁で性能を担保するのではなく、2枚の壁を間を空けて配置し、その組み合わせによって性能を確保する**ダブルスキン**というアイディアもある。間の空間は、**熱環境上の緩衝領域**として位置づけられる（参照 4-9-2）。2枚の壁を十分離して配置すれば、縁側のように、一時的な滞在場所としての利用も可能だろう（参照 4-8-2）。さらに、役割の異なる**建具を何枚か重ねていくことで環境を確保していく**発想へと展開していくことも考えられる。衣服のコーディネートでいえば重ね着のようなものである。季節の変化にあわせてレイヤーの開閉をアレンジしていくことができる。日本の伝統的な家屋のあり方も、このような発想に基づいたものといえよう。

-3 気密性能の確保

　取り合い部で隙間が生じないように考えることも大切である。そのためには、**建物の外皮に気密性能を持たせる**ことが有効である。**すきま風をなくす**ことにつながる。木造住宅では、**外周壁の室内側に気密シート**を設けて、気密性能を確保するのが一般的である。シートの隙間が生じると気密性能が確保されないため、ていねいな施工管理が求められる。実際の気密性能の確保は容易ではない。

▎気密シート施工

▎気密測定・風量測定

＊ 床面積当たりの隙間面積。単位はcm²/m²。少ない方が隙間からの漏気が少なく、気密性が高い。その仕様については壁内結露の防止（参照 6-4-3）と同等であり、防湿シートでその役割を兼ねることができる。

気密性能は**隙間相当面積C値***という指標で示されるが、その検証（気密測定）には専門業者による事後の気密測定を待つしかない。コストもかかるし、その計測結果を受けて改善できる範囲にも限界がある。そもそも気密性能は木材の収縮などによって経年で変化するものである。気密性能の数値目標をクリアすることばかりにこだわりすぎず、壁内結露の防止をはかるべく、気密防湿シートを敷設すると考えた方が現実的かもしれない。

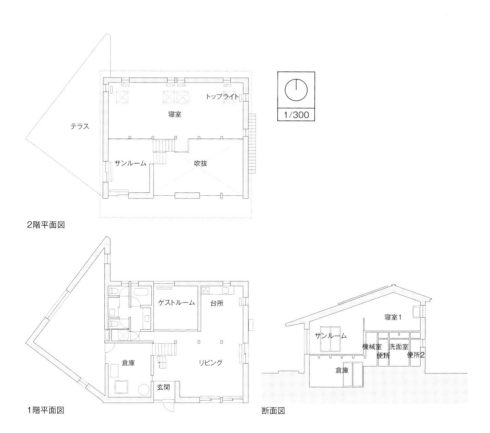

Photo Info　山形エコハウス（羽田設計事務所／アドバイザー：東北芸術工科大学、KEY ARCHITECTS）、山形県山形市（2010）
環境省のエコハウスモデル事業の一環として建設された実験住宅。Q値（参照 6-1）1.0を切る高い断熱性能とC値 0.96㎠/㎡という気密性能を有している。いうなれば「燃費」のいい住宅であるが、それにとどまらず、自然乾燥を行った山形県産材を用いるなど、建設に関わる環境負荷の低減も目されている。吹き抜けを介して2階へとスキップ状に空間がつながっているが、高い断熱・気密性から一定の室温が確保され、熱的な障壁のない温熱環境（熱的バリアフリー）が実現している。

私の家
撮影　新建築社写真部

6-7　素材のテクスチュア

　建築は人間の身体を包み込む役割を果たすが、その際部分的であれ身体は建築に直接触れることとなる。その触れるところの感触をどのようにデザインするかも面白いテーマである。光沢、マット、ザラザラ、ひんやり、しっとりといった形で、様々な表現で形容されることからわかるように、多くの種類の表面仕上げーテクスチュアがある。テクスチュアは写真には写りにくいが、触覚に訴えかけるので、建築に対する印象を大きく左右する。衣服でいうところの肌触りである。建築の手触りや足触りをどのようにデザインしていくのかも、意識していきたい。

-1 床の防滑

 日常的に建築と身体が接する部分として、まず床が挙げられる。足が床に接することで、人間の身体が支えられる。したがって、まず床に求められる性能として、安全に身体をホールドする**適度な滑りにくさ**がある。実は、滑りやすい素材だけでなく、滑らなさすぎる素材もまた躓く原因となる。特に、同一の動線上で、滑りやすい素材と滑りにくい素材とが混在しているような状態は不安要素となる。途中で**仕上げを切り替える場合には、滑りやすさが極端に変化しないよう**留意したい*。

 滑りやすさは素材によって異なるが、利用する側の**土足、スリッパ、靴下、素足の別**によっても違いが出てくる。また素材によっては、**濡れているか否か**によっても影響を受ける。石材は磨き仕上げの場合、濡れると滑りやすさが増す。水気が持ち込まれるおそれのないように思われる場所でも、梅雨時などには外からの湿った空気によって表面結露をすることがある。素足やスリッパで利用するような場合にはきわめて危険な箇所となる。

■ 床仕上げの切り替え

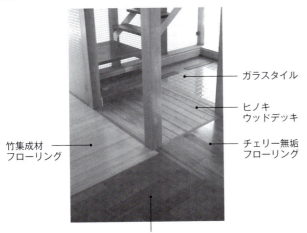

- ガラスタイル
- ヒノキウッドデッキ
- チェリー無垢フローリング
- 竹集成材フローリング
- ナラ突板フローリング（浮造り）

■ 漆喰タイル

＊ 滑りやすさ、滑りにくさの指標としてすべり抵抗係数（CSR値）がある。

-2 床の硬さ

　床には、身体を支え、家具等を保持するために、ある程度の硬さが求められる。畳のように**柔らかい床材**の上に、本棚のような、**重量があり背の高い家具が置かれるのは危険**である。あらかじめ家具の位置が決められるのであれば、部分的に板床とするくらいの配慮がほしい。

　一方で、**硬過ぎる床仕上げ**だと、転倒時の大きなケガにつながるし、**歩行時の疲労感**を招く。石貼りやタイル仕上げなど、硬い床の場合には、ラグマットなどが置かれ、足触りが補われているケースが多い。床の硬さは、住まい方と密接に結びつくので、居住者と十分な意識共有をはかっておく必要がある。また、床が硬いと落下時にガラスや陶器が割れやすく、割れたときの破片も広い範囲に拡がりやすい。食器等を取り扱うキッチンやダイニングでの硬い床材選定は避けた方が無難である。

-3 素材の熱伝導率

　素材の**熱伝導率が異なると**、同じ表面温度であっても**触れたときの印象は大きく異なる**。金属は熱を伝えやすく、ヒヤッとする。羊毛は熱を伝えにくく、ぬくもりを感じる。一般的な建材の熱伝導率は、金属＞コンクリート＞ガラス＞木材・プラスターボード＞発泡ポリスチレンという順となる。手すりや家具など、身体に直に触れる可能性のある部位の素材に関しては、これらの熱伝達率

▶ 衣服保護のための壁面への和紙貼り　　▶ 硬い床 + ラグマット

を意識した選択を行いたい。特に床は身体と触れる時間が長く、**床材の熱伝導率が与える影響は大きい**。夏はひんやりとした土間床に転がり、冬は暖かい畳の間に座るなど、素材を違えて季節に応じた快適な居場所を作り出すことも考えられる。

　また、同じ素材でも、**表面加工によって感触に変化が生じる**こともある。フローリングの表面にわずかな凹凸があるうづくり（浮造り）加工は、一般のフローリングより足触りがよい。コルクは熱伝導率の低い素材であるが、コルクタイルとして汚れ防止のためのコーティングがなされると、だいぶ冷たい感触となる。熱伝導率に関しては、特別な計測を行わなくとも、実地に触れるだけで違いを体感できるので、サンプルを取り寄せて確認を行うようにしたい。

　なお、床暖房を敷設する際の床仕上げとして、フローリングが採用されることが多いが、裏面からの熱が伝わりにくく、床暖房の効率という観点からは望ましいものとはいえない。しかし、他の仕上げを選んだとしても下地に合板があれば同じこととなり、現実には、他の選択肢があまりない。

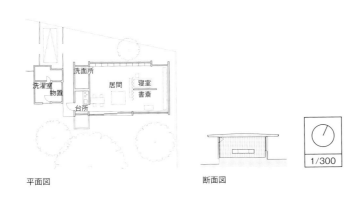

平面図　　　　　　断面図

Photo Info 私の家（清家清）、東京都大田区（1954）

5m×10mというコンパクトな平面に、夫婦のためのワンルーム空間が、トイレの扉も省いた、最小限の間仕切りで構成されている。中央の居間・食堂は外部のテラスと連続するように鉄平石張りの床となっており、その中に縁台のような形で1.5m角の可動畳が置かれている。外部的な感覚を与える床仕上げと対比的に、身体に近しい家具的な要素として畳の床が扱われている。リビングの床には床暖房が敷設されており、石材は効率よく安定的な環境を作り出すことにも寄与している。

さんたろう館

6-8　素材の環境影響

　いろいろな建築材料を使うことによって、人間にとって快適な環境が作り出される一方で、これらの建築材料自身が周辺環境に及ぼしてしまう影響もある。そこで、素材を選定するにあたっては、快適な環境を作り出すプラスの能力と周辺環境に及ぼすマイナスの影響とのバランスを考えていくことが必要となる。個人の住宅であっても、設計者の果たすべき社会的な責任として、素材の及ぼす環境影響まで考えた内・外装計画としたい。

第6章 内装・外装を考える

-1 空気質への影響

建材に含まれる化学物質が室内に放散されることで、居住者に**シックハウス症候群**と呼ばれる症状が出るおそれがある。それを受けて、2003年の建築基準法の改正において、**ホルムアルデヒドに関わる建材・換気に関する規制**がなされた（参照 8-4-2）。建材から放散されるホルムアルデヒドについて、JISのラベリングがなされ、等級に基づいて使用面積が制限されることとなった。現在では、ほとんどの部位で最高等級であるＦ☆☆☆☆の建材を無理なく選択することができるので、**Ｆ☆☆☆☆材を用いることを基本**としたい。しかしＦ☆☆☆☆であれば、まったく問題が生じないということではなく、**VOC**＊と呼ばれる他の化学物質による影響もある。アレルギー体質など懸念のある居住者とは十分な打ち合わせをしておく必要がある。

合板やフローリング、壁紙など、建材としてラベリングされているものについては、確認をした上で材料指定をすればよいが、現場作業に伴う**塗料や接着剤**は、施工者によって持ち込まれるので、Ｆ☆☆☆☆材であるかどうかの確認をし

▶ ホルムアルデヒド放散建材の等級区分と表示

等級区分	法規制対象外	3種	2種	1種
表示方法	F☆☆☆☆	F☆☆☆	F☆☆	記号なし
使用制限	無制限に使用可	床面積の2倍の面積まで使用可	床面積の0.3倍まで使用可	使用禁止

出典：健康に暮らす住まい9つのキーワード設計ガイドマップ，p.60、建築技術（2013）

▶ Ｆ☆☆☆☆建材

接着材

合板

＊ Volatile Organic Compounds（揮発性有機化合物）の略。トルエン、キシレンなどが対象。

ておくべきである。施工者にもF☆☆☆☆材の使用は周知されているが、**テープ類**には注意を払いたい。ホルムアルデヒドについての対策の採られていないガムテープなどが流通しており、現場での仮設的な作業にそれらが使われてしまう危険性がある。

同様に、竣工後に搬入される**家具什器**に問題があるケースもある。特に量販店等で販売されている格安の家具は、規制の緩い海外で製作されていることが多く、ときにホルムアルデヒド臭のするものがある。購入を検討する居住者にも注意喚起をしておくべきだろう。

-2 製造時・輸送時のエネルギー

地球環境への負荷の低減を考えるにあたっては、運用時だけでなく、建設時の環境負荷の少ない建材という視点も大切である。そのために建築材料の選定の際、より少ないエネルギー、排出 CO_2 で製造、輸送されたものとする、あるいは長期的な使用に耐えるものという視点を持っておきたい。

製造時のエネルギーに関していえば、**高温での焼成を行う材料、重量のある材料は、概してエネルギー原単位が大きくなる**傾向がある。コンクリート、金属(鉄・アルミ)、ガラス、タイルなどが原単位の大きな建築材料として挙げられる。木造住宅は建設時のエネルギーが少ない構造といえるが、その中

▎木材の CO_2 原単位

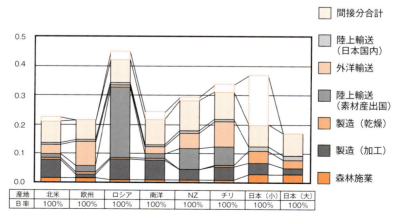

LCCM住宅研究・開発委員会編:LCCM住宅の設計手法―デモンストレーション棟を事例として、建築技術(2012)

では基礎コンクリートの占める割合が大きくなる。適切な代替材料が見当たらないが、せめて使用にあたってヴォリュームを減らす努力はしたい。しかし、エネルギー原単位の大きな素材は耐久性の向上に資するものも多く、単純に量を減らせばよいというわけにはいかないのが、悩ましいところである。

輸送時のエネルギーに関していえば、**地産地消**で、消費地と生産地とが近い方がより有利である。しかし、素材にもよるが、概して製造時のエネルギーの方が比率的に大きくなるので、輸送時のエネルギーをそれほど気にしなくてもよいだろう。

-3 製造時・輸送時の排出 CO_2

製造時・輸送時の CO_2 排出量についても、製造時エネルギー・輸送エネルギーとほぼ同様の考え方となる。木材に関しては、成長の過程で空気中の CO_2 を固定しているので、廃棄される際に焼却されたとしても、元々固定した CO_2 と同量の CO_2 を発生しているとの考え方となり、素材としての CO_2 原単位は小さいものとなる。CO_2 排出量の抑制という観点からは、**木材の積極的な活用**を考えたい。

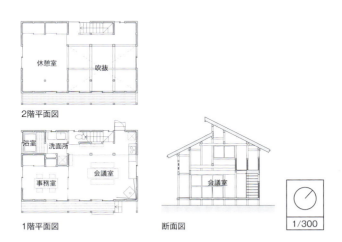

Photo Info さんたろう館（安藤邦廣＋里山建築研究所）、宮城県南三陸町（2012）
東日本大震災で、津波被害を受けた南三陸町における復興住宅のモデル棟である。街づくりの拠点として用いられている。かつて蔵や納屋において見られた、厚板を柱の間に落とし込んで壁体とする板倉構法が採られている。外装・内装ともにスギ板を露しとして用い、上部の躯体のほとんどの部分が木材で構成されている。木材の調達も近隣の福島県産材とし、CO_2 に関わる環境影響が極力抑えられた建築となっている。

7 開口部

　開口部は、窓と出入り口とに大きく分類される。窓は主として通風・採光・眺望に用いられ、出入り口は通行のための役割を果たす。すなわち、開口部は室内空間と外部空間との接点となり、そこで**空気や光、熱と人の行き来が、コントロールされる**こととなる。外部環境から適度に内部空間を守りつつ、必要に応じて外部とのつながりが作り出される。したがって、開口部の配置や性能が不適切であれば、安定した良好な室内空間・環境が保持されないこととなる。

　一般的に、㎡当たりの施工単価をみれば、開口部は壁と比べてはるかに高いものとなる。また、建築の中では数少ない可動部であり、**人間の感覚や心理に応答できる部位**である。高価であり、応答性を持った存在であるがゆえに、慎重かつ有効な開口部の計画を行いたい。

上遠野邸

7-1　開口部の性能確保

　開口部は、人がアクセスするだけでなく、光、風さらには熱や湿気の通り道ともなる。それらを適宜コントロールして採り入れることにより、開口部は快適な室内環境を作り出すのに大きく寄与する。その一方で、光や空気の通り道であるがゆえに、開口部における断熱・遮熱・気密・水密・防音といった性能は、壁と比べれば劣ることとなる。したがって、厳しい外部気候の折りには、開口部は室内環境を維持するための弱点ともなる。すなわち、開口部の性能如何によって、室内環境は大きく左右される。

-1 開口部のスペック

開口部のスペックとして、強風や大雨など、ある程度厳しい条件下での性能確保が求められる。気密や水密、耐風圧といった性能[*1]については、一般的な市販のサッシはほとんどが十分な性能を有しているといえる。一方、**断熱・遮熱性能に関しては様々な幅があり**、設計者がその内容を理解して適切なスペックを指定する必要がある。遮音・防音性能[*1]については、二重サッシとする他、有効な手法がない。

-2 開口部の断熱性能

温熱環境面では、温度差の最も大きくなる厳冬期を想定して、開口部の断熱性能を確保すべきである。断熱性能が不十分で室温が保持されなければ、生命の維持に影響を与えかねない。また、冷暖房にかかるトータルの**消費エネルギーの削減**という観点や、**結露を防止してカビの発生**を抑えるという健康面からも重要である。

開口部の断熱性能を高めれば、当然コストがかかることになる。そもそも開口部の㎡当たりの施工単価は高いので、スペックを上げてさらにコストを費やすことに慎重になる向きもあるだろう（参照▶ 7-3-1）。しかし室内環境への影響の度合いを考えると、**開口部の断熱性能のスペック確保は優先順位が高い**といえよう。

▮ ガラスの種類

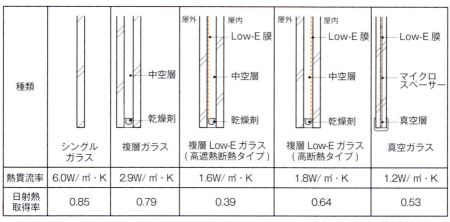

種類	シングルガラス	複層ガラス	複層 Low-E ガラス (高遮熱断熱タイプ)	複層 Low-E ガラス (高断熱タイプ)	真空ガラス
熱貫流率	6.0W/㎡・K	2.9W/㎡・K	1.6W/㎡・K	1.8W/㎡・K	1.2W/㎡・K
日射熱取得率	0.85	0.79	0.39	0.64	0.53

参考：日本板硝子株式会社カタログ

-3 ガラス

　ガラスについて、断熱性能の確保という点から**複層ガラスは最低条件**といえる。日本では認識が不十分であるが、建築に用いられるガラスといえば基本的に複層ガラスであるという国も少なくない。さらに性能を向上させたものとしてLow-Eガラス、真空ガラスなどがある。**Low-Eガラス**は金属皮膜を溶着させて**断熱性能・遮熱性能を高めたもの**で、皮膜の位置によって断熱重視型、遮蔽重視型が異なってくる。建設地域、開口位置によって、どちらかを選択することとなる。ただし、若干ガラスに色が付くことを理解しておきたい。**真空ガラス**は、単価は高いものの、単板ガラスとほぼ同厚で複層ガラスをはるかにしのぐ性能向上がはかれるので、既存サッシを残しての改修時には効力を発揮する。また複層ガラスと比べて重量がほぼ半減するので、面積の大きな引き違い戸の動きを軽くするのに効果的である。性能向上に伴い、ガラスの単価も上がっていくので、すべてのガラスのスペックを上げようとせず、開口部の条件に応じて適宜ガラスの性能を調整するとよいだろう。

-4 サッシ

　サッシについても、サッシ枠からの熱損失、サッシ面の結露があるので、同様に断熱性能の向上が求められる[*1]。住宅用の一般的なサッシとして、アルミサッ

■ サッシ断面比較

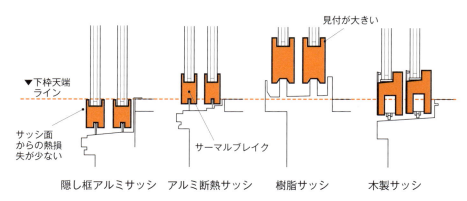

隠し框アルミサッシ　アルミ断熱サッシ　樹脂サッシ　木製サッシ

[*1] JIS 基準で、気密性能は A-1〜5、水密性能は W-1〜5、耐風圧性能は S-1〜7、遮音性能は T-1〜4、断熱性能は H-1〜5 までの等級が示されている。いずれも数字が大きい方が性能が優れている。

シ、樹脂サッシ、木製サッシが挙げられる。**アルミサッシ**が最も安価であるが、少なくとも**サッシ枠からの熱伝導を防ぐ措置**[*2]**が講じられたもの**としたい。近年では、隠し框として断熱性能を向上させ、意匠的にもすっきりとみせる優れたアルミサッシもある[*3]。**樹脂サッシ**は断熱性能が高いが、**見付けが大きく**なる。日本では高価とされているが、ヨーロッパでは安物とみなされているように**質感に難**があるものもある。**木製サッシ**も断熱性能が高いが、日本の気候風土のもとでは**耐候性・メンテナンスの観点で大きな課題**を抱える。気密性が確保できないこともある。採用にあたっては、深い庇の下、シロアリの来ない窓台上、西日のあたらない面、塗装のしやすい位置など、慎重に考えるべきである。

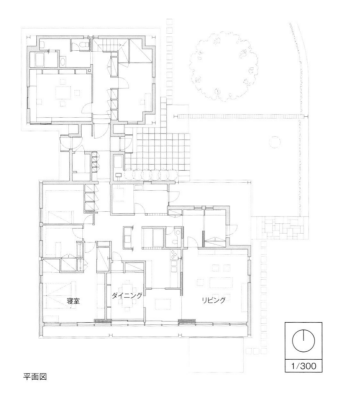

平面図

🔘 Photo Info 上遠野邸
（上遠野徹）
北海道札幌市
（1968）

北海道という厳しい気候のもとでの住宅のあり方を探った建築家の自邸である。耐候性の高いコールテン鋼で門型フレームを構成して、断熱性の高い躯体で囲み、南面には日射取得のための大開口を設けている。開口部はコールテン鋼のサッシに複層ガラスを組み合わせたものとして、同様に耐候性・断熱性を確保している。さらに断熱補強となる太鼓貼りの障子や通風用のガラリ戸を付加するなど、開口部に様々な工夫・配慮がなされている。

＊2 サッシの間に樹脂を挟み込みヒートブリッジを回避するサーマルブレイク構造やアルミと樹脂や木を組み合わせた複合サッシなどがある。
＊3 SAMOS Ⅱ（LIXIL）

板橋のハウス
写真提供：西沢大良建築設計事務所

7-2 開口部の配置

　普通、掃き出し窓の前には家具は置かれないし、本を読もうと思えば人は明るい窓辺に移動する。すなわち、開口部によって、室内の設えや居住者のアクティビティは規定される。また、開口部は光、風の出入り口であり、室内環境の形成に大きく関わる。

　すなわち、適切に開口部が配置され、その場所での設えやアクティビティと環境が重ねあわされていることは、住まいが十全に機能するための必要条件といえる。開口部をいかに配置するかは、住宅設計のエッセンスといえよう。

-1 方位

　まず、方位と日射の取得、採光の関係についてであるが、**南面の開口部**からは直射光が入り、熱も採り入れやすい。開口部の**高さに応じた出寸法の水平庇**を設ければ、比較的容易に季節に応じた日射の制御が可能である（参照 6-3-2）。**東西面の開口部は**、一年を通じて入射角度が低くなるため、夏季のみ遮蔽するといった**季節に応じたコントロールが難しい**。夕陽や朝陽が眺められるといった面はあるものの、まぶしく感じられる場面も多い。特に南西面の開口配置は、夏季の温熱環境に対して大きな影響を与えるので慎重に考えたい。

　北面の開口部は、ダイレクトゲインは期待できないが、反射光や天空光によって**安定した光環境**につなげられる。リフレクターとなる受照面を外側に設けておくことも考えられる。隣接建物の壁面や、相対する斜面の樹木で光を受けるという発想もあるだろう。

-2 平面位置・断面位置

　開口部の配置にあたっては、ソファやベッド、大型テレビなど、想定される**大型家具・家電との位置関係をよく考えておく**必要がある（参照 4-2-1）。コストのかかったせっかくの開口部が、家具でふさがれているようでは、設計時の配慮不足といわれても仕方がない。

　光環境という面から見ると、ハイサイドライトで天井面を明るくしたり、入り隅部のスリットで壁を照らしたり、**開口部と光を受ける面をきちんと関係づける**ことで、輝度対比の少ない柔らかな光で満ちた空間を実現できる。

■ 夏至の直達日射量の変化

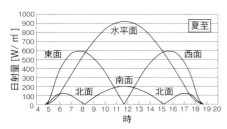

田中俊六・武田仁・土屋喬雄・岩田利枝・寺尾道仁・秋元孝之共著：最新 建築環境工学 改訂4版、井上書院（2014）

■ 開口の平面位置

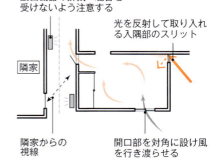

通風という面から見ると、開口部は室の**対角に設ける**のがよい。断面的にも地窓＋高窓のように**高さを違える**ことで、室全体に空気が行き渡りやすくなる。ただし、高所への開口部の設置は清掃や開閉方式への配慮が求められる（参照 7-3-3）。

　開閉式のトップライトを利用して、天井近くにたまった暖気を上部から排出するのも効果的である。トップライトは、建築基準法上、壁面に設けられた開口部の**3倍の採光面積**が規定されている＊ことからわかるように、多くの光量を期待できる。周囲が建て込んだ敷地条件では、有効な採光手法である。また、印象的な光の状態となり、様々な空間演出も可能である。一方で、**夏の暑熱、冬のコールドドラフト・結露などのリスクは増えて**しまう。ガラスのスペックの確保はもちろんのこととして、直射光があたりにくい場所に設けるなど、設置位置にも慎重さが求められる。また、夏季の換気に用いるには、トップライトといえども**網戸**が必須である。網戸がなければ、開けられることのない開口となってしまう（参照 7-4-6）。しかし、その**清掃方法も**あわせて考えておきたい。

▶ 開口の断面位置

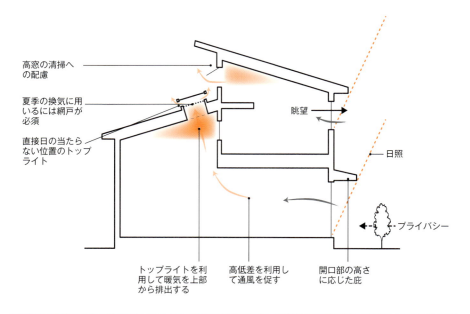

＊ 建築基準法施行令第20条。

-3 周囲の障害物

　現実に開口部の配置を考えるにあたっては、眺望や日照との関係で決まることも多いが、**周辺の障害物との位置関係**も十分検討しておきたい。隣家の壁面が迫っていれば、採光、通風ともに妨げられる。往来や隣家からのプライバシーの侵害が懸念されれば、カーテンが閉め切られて開口としての機能を果たさないこととなる。さらに、見過ごされがちだが、開口部と**設備機器との位置関係**にも留意したい（参照 9-2-3）。駆動音や排気が開口部を通じて室内に入ってくるおそれがある。窓を開けたところで、隣の室外機の排熱やトイレの排気を取り込んでしまうというような事態は避けたいものである。

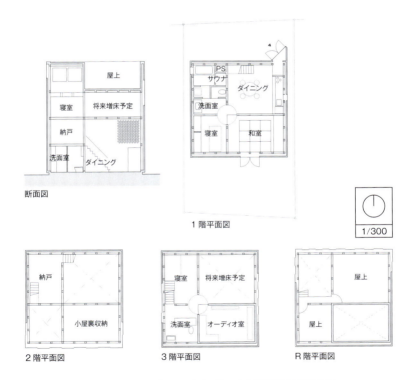

Photo Info 板橋のハウス（西沢大良建築設計事務所）、東京都板橋区（2006）
谷筋に位置し、周囲が建て込んでいることから、通風を重視した計画がなされた住宅である。隣接する建物をかわしながら、建物四周をらせん状に取り囲むように開口部が配置されている。風向によらず、また温度差を活かして、家全体に空気の流れが作り出される仕掛けである。室内の諸室の構成とは関係なく開口位置が決められているが、断熱ラインの内側に室内空気が流動するための通気層が設けられ、諸室に風が行き渡るようになっている。

フィッシャー邸
撮影　新建築社写真部

7-3　開口部の大きさと形式

　断熱性能の確保という観点からすれば、開口部は弱点となる（参照▶ 7-1）。建築の断熱性能の向上が叫ばれる中、ここ数十年で住宅の開口部は徐々に小さくなってきた。ヨーロッパ北部でも一時期、温熱環境を配慮して開口部の小さい家とする傾向があったが、居住者に受け入れられにくく、現在では大きな開口のサンルームが備え付けられた住宅をよく見かける。断熱性能だけで開口部の大きさを決めるものでもないだろう。一方、開口部は建築の中では高価な部位にあたる。むやみに大きくできるものでもない。また、開口形式によってコストも大きく違ってくる。慎重に大きさと形式を決めていくべきである。

-1 開口面積と熱収支

　住宅の居室における床面積に対する**有効採光面積**の割合は、法定で**1／7以上**と定められている*。より大きな開口面積とすれば、明るく、風の通りやすい、開放的な空間となる。**自然（再生可能）エネルギーの活用**という面からは有利側となる。しかし開口部の面積によっては、熱の取得が多すぎて、**冬季でもオーバーヒートしてしまう**こともある。同時に、開口部からの熱ロスが多くなり、**冷暖房時の熱負荷が増えてしまう**。環境的に見れば、再生可能エネルギー利用と化石エネルギー使用量の削減とのバランスをとって、開口面積を考えなければならない。

　家全体の熱負荷を増やさないためにも、**開口面積を大きくする際には、同時に開口部自体のスペック**（参照▶ 7-1-2）**を上げる**ことを考えたい。開口面積が増え、さらにスペックアップすることで、二重のコストアップとなるが、そのくらいの覚悟が必要であろう。

　開口面積が大きければ、外の気候条件の影響を受けやすいが、建具の開閉な

▎開閉形式 1

＜引き違い窓＞
家具やカーテンなどと干渉しにくい

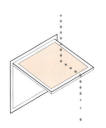

＜突き出し窓＞
雨が吹き込みにくいが
清掃しにくい

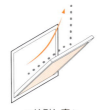

＜外倒し窓＞
排熱効果が大きいが
雨が吹き込みやすい

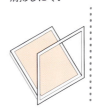

＜内倒し窓＞
雨が吹き込みにくいが
カーテンと干渉する

＊ 建築基準法第28条。

どの環境調整を行い、熱を躯体に蓄える（参照 6-2-1）などの工夫へと展開可能である。さらに、その目的に特化したサンルームや縁側のような緩衝領域（参照 4-9-2）を設ける提案にも結びつく。ただし、住まい方での工夫が必須となるので、居住者の十分な理解が不可欠である。

-2 大きさの制約

開口を大きくするにあたっては、**サッシの最大製作寸法を把握しておく**べきである。見落とされがちであるが、サッシ部より**網戸の製作寸法**の方が制約の厳しい場合もある。頑張って無目のない大きなガラス面としたのに、網戸の無目が残ってしまうということも起こりうる。また、敷地に延焼線がかかり、開口部を**防火設備**とする必要がある場合には、大きさの制約がさらに厳しくかかってくる。ほとんどの場合、**連窓も不可**となる。

また、建具の障子一枚の**面積を大きくした場合**、耐風圧から**ガラスの厚さが増す**こととなる。コスト増もさることながら、可動部においては重量が増え、障子の**開閉が重く**なる。日常的に開閉する建具や、体力の衰えた高齢者が利用

▎開閉形式2

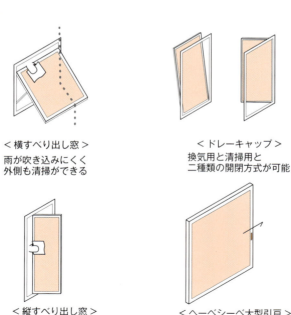

＜横すべり出し窓＞
雨が吹き込みにくく
外側も清掃ができる

＜ドレーキャップ＞
換気用と清掃用と
二種類の開閉方式が可能

＜縦すべり出し窓＞
外側の清掃ができる

＜ヘーベシーベ大型引戸＞
大型の引戸を軽快に動かす
機構が組み込まれている

する建具では、十分考慮しておきたい。逆に、**障子を小さくしていった場合**、枠の見付け幅は変わらないので、相対的に開口面積に占めるガラス面の比率が小さくなる。**枠ばかりが目立ち**、窓としてのありがたみが薄れてきてしまう。

-3　開閉形式

　開閉形式としては、一般の窓部では**引き違い**とすることが多いが、トイレや高所の窓では、**すべり出し**や**突き出し窓**も用いられる。少々の雨であれば、開けたままでも雨が入りにくいので、**換気用として便利**である。**外倒し窓**は上部からの排熱の効果は大きいが、**開けたときに雨が入りやすい**。その設置は、深い軒下など、雨がかからないところに限定されよう。引き違い窓でも、開口部の直上に小庇や霧除けがあると雨天時にも換気が行いやすくなる（参照 7-4-2）ので、あわせて検討したい。また、**高所の開口部の開閉は**電動もしくはオペレータ操作となる。**駆動部に意外にコストがかかる**ので、注意が必要である。

　なお、縦長のスリット窓は、上部から空気が流出し下部から流入するとされるが、外からの風の影響も受けるので、こだわるほどの効果があるかは疑問である。

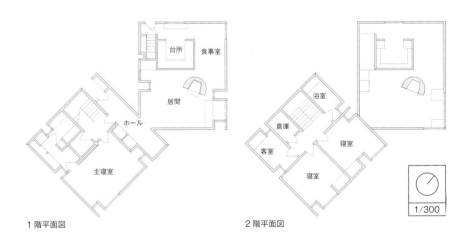

Photo Info フィッシャー邸（ルイス・カーン）、アメリカ ペンシルバニア州（1967）

フィラデルフィア郊外に建つ戸建て住宅。カーンは、光・風・視線の導入・制御といった、様々な役割に応じた開口部のあり方があると述べ、開口部の機能を分解し再構築することを唱えている。ここでは、リビングスペースのコーナーに、2方向に開かれた立体的な開口部が設けられ、風景を取り込むためのフィックス窓、雨天時にも開放できるようにニッチ状となった風を取り込むための窓、さらに人の居場所となるベンチが組み合わせられている。

十里木の別荘

7-4 開口部へのアタッチメント

　建具を通じて出入りをコントロールする対象は、日射（熱）、光、風、音といった環境要素に加え、虫や視線なども含まれてくる。そこで、水密・気密などの基本性能が備わった建具に、日射遮蔽や防虫・視線制御などの役割を担うアタッチメントが取り付けられることとなる。

　居住者は、気候や時期に応じて、それぞれのアタッチメントを操作して、快適な環境へ向けてアレンジをしていく。居住者による環境行動の第一歩といえよう。さらに大がかりなものとして、京都の町家において、夏向きの建具と冬向きの建具を季節に応じて入れ替える、「建具替え」がある。学校の制服も冬服から夏服へと切り替えるわけだから、住まいも衣替えをするのは理にかなっている。

　居住者の生活ニーズに則した、きめ細やかな開口部まわりを考えたい。

-1 日射遮蔽

まず、熱の取得を抑えるための日射遮蔽の役割を担うアタッチメントがある。**庇**（参照 6-3）、**面格子・ルーバー**など、**屋外側で遮蔽するのが効果的**である[25]が、風雨にさらされるので耐候性が必要となる。逆に、**スダレ・ヨシズや緑のカーテン**のような仮設的な設えとしておいて、随時交換していくというのもひとつの考え方である。東西面の庇は、低い角度からの日射にも対応できるようL型とすると効果が高い。**外付けブラインド**は羽根の角度調整もでき、遮蔽性能は優れているが、外に向かって開くタイプの窓とは相性が悪いし、コスト・メンテナンス性（清掃性・耐久性）に課題がある。風にあおられにくい水平収納式の外付けルーバーも出されている＊。

光環境という面からは、外光を和らげて採り入れることにも配慮したい。屋外がまぶしく感じられると、対比的に室内が薄暗く感じられ、昼間から点灯することになってしまう。**ライトシェルフ**のように直射光を遮り、和らげられた反射光を採り入れるような工夫もほしい。

■ スダレ

■ 水平収納式外付けルーバー

■ 開口まわりの工夫

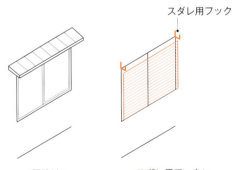

＜霧除け＞
小雨程度なら開閉可能

＜スダレ用フック＞
窓上部にフックをつけておく

＊ 日射遮蔽スライディングオープンルーバー（YKK AP（株））

-2 霧除け

また、窓の上部に**霧除けや小庇**を付けておくと、扉や窓の開閉の際に壁を伝ってきた雨が室内に入りにくく、ちょっとした**雨のときにも窓を開けておける**ようになる。梅雨時など、蒸し暑いときには効果的である。

-3 断熱強化

冬季の**断熱強化**の役割を担う要素として、**雨戸やシャッター**がある。強風時のガラス面保護・防犯の役割も果たす。室内側に**障子や厚手のカーテンを設けるのも有効**であるが、ガラス表面の温度が低くなり、ガラスのスペックによっては結露しやすくなることもある。障子を太鼓貼りにしたり、断熱障子シートを用いたりすると、さらに断熱効果は高くなる。

-4 通風

開口部から風を採り入れるのに、**室内へと風を導き入れる突出部**があると効果的である。こういった仕掛けは、**ウインドキャッチャー**と呼ばれる。卓越風向（参照 2-1-4）を受け止めるような位置に設けるとよい。風向が逆向きの

▎ウインドキャッチャー

風を受け止め取り込む

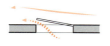

風の誘因

▎網戸の形式

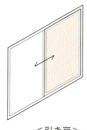

＜引き戸＞

＜開き戸＞

＜横引き戸＞
スッキリと納められるが
畳み代が大きい

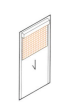

＜ロール網戸＞
利用してない時に
上部に納められる

時には、強風の侵入を防ぐ形にもなる。開き窓では、開けたときには自然にウインドキャッチャーのような形状となる。取り入れたい風をとらえるような向きに開き勝手を考えたい。

-5 外からのプライバシー

プライバシー確保の手立てとしては、室内側に**カーテン・ロールスクリーン・ブラインド**を配するのが一般的である。日射遮蔽効果もあるが、外部での遮蔽に比べると効果は小さい。また、ブラインドやロールスクリーンは、**風にあおられやすい**。ブラインドは角度調整ができ日射のコントロールもしやすいが、**清掃が大変**である。外側に目隠しパネルを設置することもあるが、通風・採光が妨げられ、汚れやすく、美観上も課題となる。

-6 防虫

見過ごされがちであるが、防虫のための**網戸**も重要なアタッチメントといえる。利用しない期間も長いので、ロール網戸など、**使わない時期の収納方法**にも気を配りたい。ホコリが付着するので、**清掃方法**もよく検討しておく必要がある（参照 7-2-2）。また、最大製作寸法をチェックしておくとよい（参照 7-3-2）。

Photo Info 十里木の別荘（八木敦司）、静岡県裾野市（1999）
蚊帳のように、テラス上部を大きく覆う防虫ネットが設けられた週末住宅。通常、開口部とセットで考えられる防虫ラインが、ここではあえて大きくずらした位置に設定されている。屋外でありながらある程度守られた中間的な空間が獲得され、それが屋外活動の幅を拡げることにつながっている。熱的な緩衝領域（参照 4-9-2）と同じく、段階的に環境制御を行っていくことで生み出される中間的な領域に着目したものといえよう。

シュレーダー邸

7-5 室内建具

　日本の住まいは、伝統的に襖や障子など軽量な建具で、簡便に室間が区切られてきた。音が聞こえ、気配が伝わる前提であった。しかし、プライバシーが重視されるようになった昨今では、室間の壁は固定化され、室内建具もしっかりとしたものとなってきた。

　しかし、外周壁の開口部のように内一外の空気を切るわけではないので、そこまでシビアな断熱性能や気密性能が求められるものではない。むしろ、ある程度、熱や音が伝わることが求められる場面も多い（参照 4-5）。居住者のニーズをうまく汲み取りながら室内建具を考えたい。

第 7 章　開口部

-1　プライバシーの確保

プライバシーの確保は**視線と音**とに分けてとらえられる。視線に関しては、戸・扉を閉じることで容易に室内空間を守ることができるが、音に関しては、扉自体の遮音・防音性能を上げていくことが必要となる。壁自体からの音の透過もあるので、AVルームのような防音室以外では、扉にそこまでの遮音性能が求められることはない（参照 6-5-3）。実際、様々な理由から入り口の扉が開けたままにされている場合も多い。特別な要望でもなければ、むやみに高い遮音性能を付与することはないだろう。

-2　つながりの演出

むしろ家族間でのつながりを演出するべく、**室間で音や視線が通る関係を構築しようという考え方**もある。中での気配が通じるように出入り口上部に**欄間を設ける**といったさりげないものから、より積極的に各個室のリビングに面する壁に**室間の窓を設け**、個と家族との家族のつながりを象徴的に示すといった仕掛けまで、様々なレベルが考えられる。個人の領域がどのようにあるべきかの考え方によるだろう（参照 4-5）。

-3　空調区画

室内建具は、プライバシー確保の役割を果たすと同時に、部分間欠冷暖房（参照

■ 通風建具

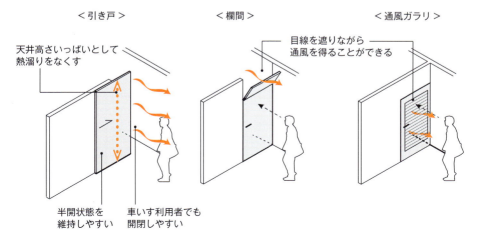

8-2)時の**空調区画の役割も果たす**こととなる。空調区画とはいえ、外気に面しているわけではないので、高い気密性を有する必要はない。むしろ、廊下との極端な温度差を抑える（ 参照 4-8-3）ためには、多少熱が漏れるくらいの区画扉である方が望ましいといえる。

-4 空気の出入り口

　一方、家全体の空気の流れや通風を考えたとき、室間での空気のルートが確保されている方が有利な場合も多い。階段室や廊下といった共用部を経由することで、個室の窓から入った風が抜けやすくなったり、逆にリビングの窓から入った風が個室の窓から抜けていったり、といったことが想定される（ 参照 4-5-3）。室間の**建具本体にガラリを組み込んだり**、**建具上部に欄間**を設けたりすることで、人の通り道とは別に**風の通り道を確保する**ことができる。

　もちろん、扉を半開にすることでもルートは確保されるが、視線上のプライバシーは確保しにくくなる。視線を遮りながらも、通風は確保するような手立てを考えておきたい。特に集合住宅の場合、住戸平面が間口に対して奥行きが深く、通風の確保が容易ではない。室間建具に加えて、**玄関扉の脇に通風ガラリを組み込んでおく**といった工夫も考えたい。

▸ 伝統的な和室の続き間

-5 室内建具の開閉形式と開口幅

　空調区画にしても、通風環境にしても、厳密に室を仕切ることが必要とされない状況も多い。そのような状況を勘案して、室内の建具の開閉方式にも工夫がほしいところである。引き戸とすれば、室内を邪魔することなく半開状態とすることができる。場合によっては、**布やカーテンで視線を切れば**事足りることもある。かつての襖や障子のような室間建具を再考してみてもよいだろう。全面開口として、続き間として使えるようにすることも考えられる。

　また、室内建具の開口幅にも、できるだけ余裕を持たせておきたい。ソファ・ピアノなどの**大型家具・家電の搬出入**、さらには車いすでの通行を考慮して、**開口幅のチェックを行っておく**とよい。特に、廊下から転回して部屋に入る場面では、意外と苦労することとなる。

断面図

仕切り収納時
2階平面図

仕切り引き出し時

1/300

Photo Info シュレーダー邸（ヘリット・リートフェルト）、オランダ ユトレヒト（1924）
デ・スティルムーブメントにおける代表的な建築である。モンドリアンの絵画を彷彿とさせるように、赤・青・黄などに塗られた線や面が組み合わされ、見事なコンポジションとなっている。2階では、平面の中央に階段室が置かれ、その周囲に3つの個室が設けられている。これらの部屋の間仕切りはすべて可動間仕切りとなっており、これを移動することで回遊可能な1室空間に変容する。細部までフラグメンタルに扱う姿勢が貫かれている。

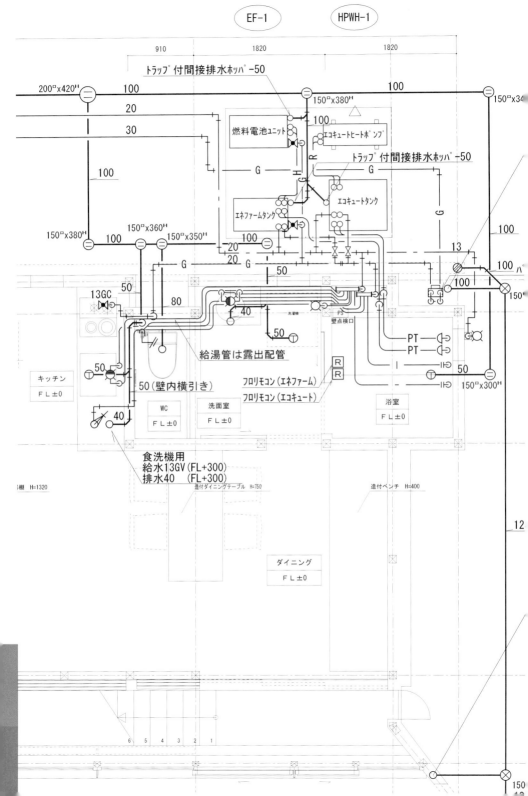

8 設備機器

　住宅には、様々な設備機器が組み込まれる。その数と種類は増加の一途にある。ここ20〜30年を考えてみても、洗浄便座・食器洗浄機・浴室乾燥機、LANなどが新たな設備として住まいに加わった。また、LED照明など、同じ照明器具の枠組みの中でも、器具の大きさがまったく異なってくるような技術も普及してきた。建築本体に取り付けられる機器だけでなく、居住者によってもコンピュータ、携帯電話など新たな家電が持ち込まれるようになった。より利便性や快適性に優れた生活をめざした結果といえよう。

　すなわち、我々の生活の中で、**設備機器に頼る部分が年々高まっている**。これらの設備機器を、環境配慮という社会的な方向性の中でどう位置づけるのか、また建築空間の中にどのように組み込んでいくのか、今後の大きなテーマである。

　新たに装備される設備は、コストアップ要因でもある。本当に必要なものは何か、有効なものはどれか、宣伝文句に踊らされず、精査する姿勢が大切である。

東京ガス磯子スマートハウス　エスペランサ磯子

8-1　高効率機器を採用する

　各分野のメーカーから、より新しい高効率の設備機器が開発され続けている。設備機器における省エネは、明確に数値で示されるので、一般のエンドユーザにも訴求力がある。積極的に高効率機器を採用したいところだが、概ねそのような機器はコストもかかる。費用対効果が疑問なものもある。省エネの効果が確実で、かつ大きい分野から重点的に取り組みたい。
　日本における家庭での消費エネルギーの内訳を見てみると、動力・照明（家電機器の使用等）34.7％、給湯28.3％、暖房26.7％、厨房8.1％、冷房2.2％[*1]となる。この内訳を、高効率機器を採用するときの参考としたい。

---

*1　資源エネルギー庁エネルギー白書2013の2011年のデータより

第8章 設備機器

-1 高効率給湯

　冷暖房については次節で述べるとして、**給湯に３割近いエネルギーが使用されている**。入浴を重視する日本ならではのエネルギー消費の傾向である。したがって、できるだけ効率よくお湯を作り、無駄なく使うことが大切となる。効率の高い給湯システムとして、**太陽熱給湯、電気ヒートポンプ式給湯器（エコキュート）、潜熱回収型ガス給湯器（エコジョーズ）、ガスコジェネレーションシステム（エコウィル）、燃料電池（エネファーム）**などが挙げられる。エネルギー効率という観点からは、再生可能エネルギーを利用した太陽熱給湯が優れている（参照▶ 8-7-2）が、さらに太陽熱給湯とエコキュートを組み合わせたシステムもある[*2]。

　それぞれの給湯システムで、熱源が異なり、製品価格のバラツキも大きい。メーカーや設備業者からは、ランニングコストの低減で補われるとして、高額のシステムを勧められるが、初期コスト、ランニングコスト、耐用年数をよく比較検討すべきである。ただし、**電気温水器はエネルギー効率が大きく劣る**ので、用途は限定されよう。

　貯湯槽をもつタイプの給湯システムの場合、**貯湯槽の設置スペースを確保する**必要がある。メンテナンススペースも必要となるので、スペースの確保に苦

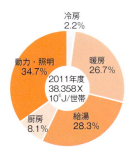

■ 世帯当たりの用途別エネルギー消費

2011年度 38,358×10⁶J/世帯
冷房 2.2%
暖房 26.7%
給湯 28.3%
厨房 8.1%
動力・照明 34.7%

資源エネルギー庁：平成24年度エネルギーに関する年次報告、【第212-2-4】世帯当たりのエネルギー消費原単位と用途別エネルギー消費の推移、p.106

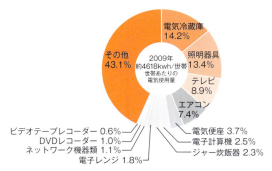

■ 家庭における機械別エネルギー消費量の内訳

2009年 約4618kwh/世帯 世帯あたりの電気使用量
電気冷蔵庫 14.2%
照明器具 13.4%
テレビ 8.9%
エアコン 7.4%
電気便座 3.7%
電子計算機 2.5%
ジャー炊飯器 2.3%
電子レンジ 1.8%
ネットワーク機器類 1.1%
DVDレコーダー 1.0%
ビデオテープレコーダー 0.6%
その他 43.1%

資源エネルギー庁：省エネ性能カタログ2013年冬版、家庭における機器別エネルギー消費量の内訳について（平成21年）

＊2　太陽熱集熱器対応型エコキュート（矢崎総業）。

労する。狭小敷地であれば、設計の早めの段階で、給湯システムおよび機器設置位置を確認しておいた方がよい。また、貯湯式では、湯の使い方によっては、**貯湯容量が足りず**、いざというときに湯切れをしてしまうケースもある。それを、省エネルギーのきっかけとするくらいの居住者の柔軟な姿勢も必要だろう。また、貯湯槽は**災害時の非常用水**としての役割も期待できる。地震時に転倒しないよう、しっかりとアンカーをとっておくことが必要である。

湯を使う際の節湯については、水栓の項（参照 8-5-4）を参照されたい。

-2 高効率照明

照明器具については、近年LEDランプが普及してきた。しかし、ランプ自体

■ 高効率給湯器

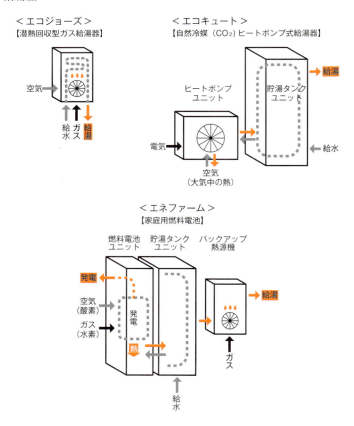

の発光効率（lm／w）を見れば、蛍光灯も遜色ない。どちらもランプ寿命は十分長いといえるので、**省エネという観点からは蛍光灯で十分**といえる。一方で、**LEDは少ないW数での照明が可能であり、灯体も小さく**なる。小さい光源を行為にあわせて分散配置していく**多灯分散照明**に向いている（ 参照 8-6-1）。

-3　省エネ家電

　家電に関しては、冷蔵庫、照明器具、テレビ、エアコン、暖房便座、パソコンといった、**長時間継続利用される機器のエネルギー消費量が大きい**。これらの機器は、極力省エネ性能の高いものを採用するようにしたい。資源エネルギー庁[*3]によって、最新の設備機器の省エネルギー性能がラベリングされているので、それを参考にするとよい。これらの機器は居住者の持ち込みとなることも多いが、古い機器だと効率が極端に劣る場合もある。設計者からもその旨アドバイスをしておきたい。

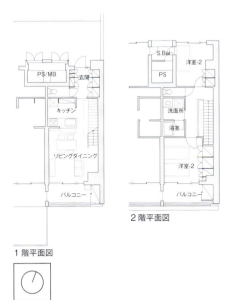

1階平面図
2階平面図
1/300

Photo Info　東京ガス磯子スマートハウス エスペランサ磯子（小玉祐一郎・東京ガス＋NTTファシリティーズ）、神奈川県横浜市（2012）

一般の集合住宅から消費1次エネルギーを大きく削減することを掲げたスマートハウスの実証実験棟。階段室を利用した卓越風の取り込み、HEMSによる居住者行動の喚起といったことに加え、4住戸に対して2台の燃料電池設置として住戸間でエネルギー融通を行うことが提案されている。次世代型の集合住宅として、階段室やエレベータなどの従来の共用空間に加え、給湯設備やエネルギーの共用・融通を行い、機器性能の向上だけでなく機器運用の最適化も目指されている。

＊3　資源エネルギー庁　省エネ性能カタログ (http://www.enecho.meti.go.jp/category/saving_and_new/saving/general/more/index.html)

ハウス&アトリエ・ワン

8-2　冷暖房、特に暖房を考える

　かつて、手間のかかる暖房器具しかない状況では、設置される暖房器具の数に限りがあった。結果、限られた数の暖房器具の周囲に皆が集まることとなった。暖房器具が求心力を持っていたともいえる。戦後、日本の住宅においては、個室の明確化がはかられてきたが、その背景には、誰でも扱える手軽な暖房設備が普及し、個別の室で温熱環境が担保されるようになったことがあげられよう。

　暖房機器は、エネルギー消費量が大きいだけでなく、住まいの空間構成、さらには人々の配置にまで影響を与える。どのようなシステムを採用するのが最適なのか、よく考えたい。

-1　暖房の消費エネルギー

　多くの人は夏の冷房時に省エネの余地があると認識をしている。しかし、先に述べたように、暖房の使用エネルギーの方が圧倒的に大きい（参照 8-1）。日本の多くの地域では冷房期間より**暖房期間の方が長く、外気温と室温との温度差も冬の方が大きい**ことによる。日本では、必要な部位を必要なときだけ暖房する**部分間欠暖房**が主流である。家全体を冬の間継続的に暖める全館連続暖房のドイツなどに比べれば、暖房に費やす消費エネルギーははるかに少ない。それでも、住宅における**全エネルギー消費の3割近く**にのぼる。したがって、エネルギー消費という観点からは、効率的な暖房システムを考えることが大切である。

-2　ヒートポンプ式エアコン

　手軽な冷暖房機器として、ルームエアコンが挙げられる。熱を移動させる**ヒートポンプの原理**を用いたもので、コストもリーズナブルであり、**エネルギー効率も高い**。同じ機器で、冷暖房ともに行えることも魅力である。燃焼を伴わないので安全性も高く、最近ではセンサーが付き高度な制御を行えるものもある。ルームエアコンを基本的な冷暖房機器とするのは、手軽で確実といえよう。

　ただし、温冷風を吹き出すので、**気流感**があり、長時間身体にあたると負担になるし、低所・高所での**温度ムラ**も出やすい。床面のチリやホコリなどのアレルゲンが舞い上げられることも懸念される。室内機も目立つのでガラリなどで

■ 暖房システム

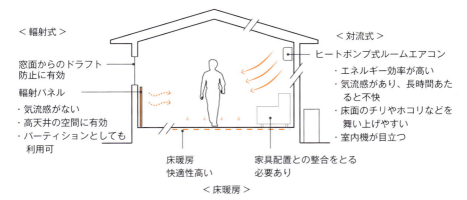

＜輻射式＞
窓面からのドラフト防止に有効
輻射パネル
・気流感がない
・高天井の空間に有効
・パーティションとしても利用可

＜対流式＞
ヒートポンプ式ルームエアコン
・エネルギー効率が高い
・気流感があり、長時間あたると不快
・床面のチリやホコリなどを舞い上げやすい
・室内機が目立つ

床暖房
快適性高い

家具配置との整合をとる必要あり

＜床暖房＞

隠したくなるが、機器の制御機能が十分に発揮されなくなることとなる。

　エアコンを選定する際は、室面積から能力が算定されるが、**高天井**（参照 5-1-1）、**西向き、最上階といった条件下では、能力をアップしておく**必要がある。能力の低めの機器を選定し、連続運転する方が効率は高くなるとされるが、帰宅時に急速に冷暖房をするようなニーズには応えにくい。やはり能力に余裕を持った機器選定としておきたい。

-3　輻射（放射）冷暖房

　気流によらない**輻射式**の冷暖房は**快適性の高い**冷暖房システムといえる。暖房が主流であるが、冷房を行えるシステムもある。また、輻射パネルをパーティションとして用いるというアイディアも可能である。窓の下部に輻射パネルを配置し、ドラフト対策とするのも効果がある。**床暖房**は、体感温度に影響の大きい床面を暖めるので、**低めの室内温度でも暖かさ感**がある。頭寒足熱の状態となり、心地よい。温度差の生じやすい**高天井の空間の暖房として有効**であ

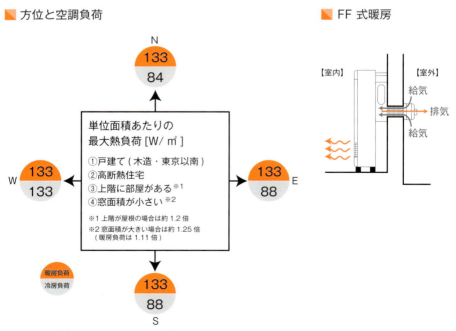

■ 方位と空調負荷　　　　　　　　　　　■ FF 式暖房

（出典：SHASE-S 112 2009　冷暖房負荷簡易計算法）

第 8 章　設備機器

る（参照 5-1-1）。ただし、輻射パネルも床暖房も、**立ち上がりが遅く**間欠運転に向かないこと、必ずしも**エネルギー効率が高いわけではない**ことを認識しておきたい。電気ヒーター式の床暖房は、立ち上がりこそ早いが、エネルギー効率は悪い。ヒートポンプ式温水、またはガス温水式床暖房の方がエネルギー効率が高い。

-4　燃焼を伴う暖房器具

ストーブなど燃焼後の排気を室内に放出する**開放型の暖房器具**は、工事も伴わず安価・簡便であるが、**空気質という観点からは要注意**である。**空気汚染に配慮した FF 型**[*1]**や FE 型**[*2]**とすべき**である。また、火が見える**薪ストーブやペレットストーブ**にも根強いニーズがある。単なる暖房機器としてではなく、安らぎを感じさせる道具立てとしての意味もある。制御・取り扱いは容易ではないことを、居住者が認識しておく必要がある。これらについても FF 式とする配慮が求められる（参照 8-4-3）。

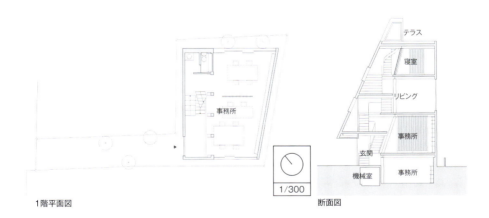

Photo Info　ハウス＆アトリエ・ワン（アトリエ・ワン）、東京都新宿区（2005）
下階にアトリエ、上階に建築家の自宅が、緩やかにゾーニングされた建築である。高さ方向に伸びる建築であることから、気流によらない輻射式の冷暖房システムが採用されている。輻射パネルは平面の中央部に置かれ、領域分けを行うパーティションの役割も果たしている。アトリエ兼自宅で在宅・利用時間が長いことから、外断熱・ALCパネル露しとして熱容量を確保し（参照 6-2）、輻射パネルを連続運転することでエネルギー効率の良さと安定した温熱環境を両立している。

---

*1　強制給排気型のこと。Forced Flue の略。燃焼用空気を室外から採り入れ、燃焼後は室外へ強制排気する。燃焼に関わる空気が室内空気と交わらないことから密閉型とも呼ばれる。
*2　強制排気型のこと。Forced Exhaust の略。半密閉式とも呼ばれる。

我孫子の住宅 Kokage

8-3　自然エネルギーを活かしたアクティブ環境制御

　一年を通してみれば、いかに工夫をしても、通風や日射といった再生可能エネルギーだけでは、必要とされる温熱環境を実現できない。かといって、機械を用いた冷暖房に頼り切るのでは、省エネという観点から、また災害時対応という点からも望ましくない。少しの機械の力を借りることで再生可能エネルギーを効果的に活用していく、あるいはちょっとした工夫を加えて冷暖房の効果を大きく増すといったことを考えていきたい。再生可能エネルギーをベースとしたパッシブデザインでもなく、化石エネルギーだけで強引に行うアクティブな機械制御でもなく、その中間に位置づけられるスマートな環境制御である。

-1 天井扇

天井扇（シーリングファン）を設けると、夏季は**気流によって体感温度を下げる**ことができる。エアコンを使う期間が短くて済むし、エアコン使用時は設定温度が高めでも十分快適に感じられる。一方、冬季には、天井近くにたまった**暖気を下ろして均一な温熱環境を作り出す**のに利用できる。特に天井の高い空間（参照 5-1-1）では有効である。天井扇を選ぶにあたっては、下降気流を作り直接身体に風をあてるだけでなく、逆に上昇気流を作り天井付近の暖気を緩やかに下ろしていくこともできるよう、**正逆反転した運転ができるもの**が望ましい。

-2 ナイトパージ

夏季の**夜間に外部の冷気を室内に取り込んでおく（ナイトパージ）**と、蓄えられた冷熱によって、翌朝しばらくの間は外気温より低い室温をキープすることができる。特に、室内の熱容量を増しておくと効果的である（参照 6-2）。

その際、自然通風によって外気を採り入れるだけでなく、ファンを併用して、強制的に室内の空気を排出すると、効率よく冷熱を蓄えられる。ナイトパージを想定するのであれば、24時間換気用の換気扇とは別に、**階段室上部**などに**大きな風量のファンを設置**し、夜間開放しておくことのできる**給気口を低い**

■ ナイトパージ

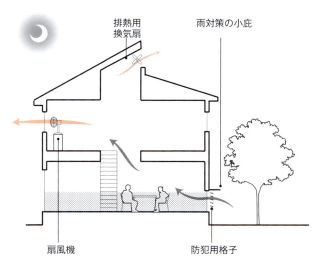

位置に設けておくとよい。**2階の窓に扇風機**を設置して外向きに吹くと、換気扇より大きな風量[*1]が得られ、効果が大きい。冷気を室内に導き入れている過程でも、かすかな気流（参照 5-3-1）が生じ、蒸し暑さの軽減につながる。エアコンよりはるかに小さい消費電力[*2]で、ある程度の環境制御が可能となる。

ただし、除湿はされないし、夜露が降りるような場合には室内に湿気が入ってしまう。夜間に窓を開けることで、防犯、不意の雨への対策も求められる。住まい手の理解、環境に対するリテラシーが不可欠といえよう。

-3　空気集熱

冬季の日中に、日当たりのよい**屋根面で空気集熱**を行い、その熱を室内に導入するのも効果がある。屋根面に中空層を設けておき、そこで暖められた空気をファンで室内に送っていくもので、ファンの動力だけで暖気を利用することができる。**OMソーラー**[*3]と呼ばれるシステムでは、**屋根面から床下を経由して室内に暖気を導き入れる**形となっている。足が接する床面を暖めるので、

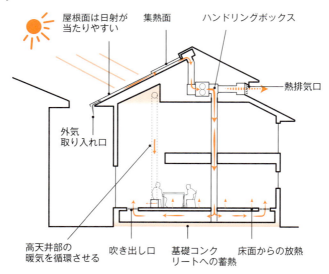

OMソーラー

[*1]　扇風機の風量はJIS9601において、羽根直径30cmで28㎥/min以上とされ、換算すると1,440㎥/hとなる。キッチンのレンジフードファンは500〜600㎥/h、バス乾燥機200㎥/h内外である。

[*2]　扇風機の消費電力は羽根経30cmで20〜40W程度（DCモータだと少ない）であり、エアコンは2.8kWで500〜800W程度となっている。

[*3]　東京芸術大学の奥村昭雄によって考案された空気集熱式の太陽熱利用のシステム。

快適性への効果が大きい。集熱できるのは、日照のある日中に限られるので、基礎コンクリートなど熱容量の大きな部位に蓄熱して、タイムラグを作ることとあわせて考えたい（**参照** 6-2-2）。周囲が建て込んでいて、窓からのダイレクトゲインが期待しにくい敷地では、利用価値が高い発想といえよう。

同様に、高天井部や階段室など、暖気が溜まりやすい部位にダクトファンを設け、冷えやすい足もとへと循環させることも考えられる。室内の温度差の解消に寄与する。暖気といっても、温風といえるほどの温度にはならないので、風が直接体にあたると冷たく感じられる。吹き出し口の位置には十分気をつけたい。

-4 地熱利用

他に、年間を通じて安定した温度である**地中熱や地下水を利用した冷暖房システム**もある。十分な効果を期待できるが、システムが大がかりとなり、必要な熱量を確保するためには地中深くまで掘る必要があるなど、**コストがかかる**。費用対効果をふまえて採用の可否を考えたい。

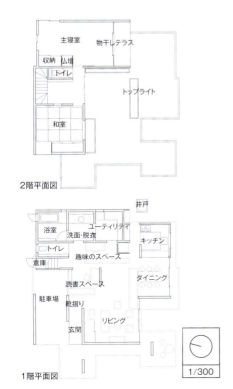

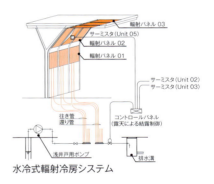

水冷式輻射冷房システム

Photo Info 我孫子の住宅 Kokage
（末光弘和＋末光陽子/SUEP.）、
千葉県我孫子市（2008）

樹林をイメージさせるように、オーバーハングした形状のユニットが組み合わされた住宅である。各ユニットは構造の単位となっており、ユニット間のジョイント部から木漏れ日のような光が落ちている。いくつかのユニットの壁面と天井面に、井戸水を利用した輻射パネルを配し、局所的な輻射冷房を行っている。化石エネルギーに頼って部屋全体の環境を作り出すのではなく、再生可能エネルギーを利用して活動領域の近傍をローカルに環境制御するというスタンスが示されている。

亀山双屋

8-4 換気計画と空気の流れ

　汚染空気の排出、新鮮空気の導入を目的として、換気扇を用いた換気が行われる。建築基準法上で24時間換気設備の設置が義務づけられ、計画的な機械換気が謳われる。その背景には、気密性が高くなった住宅構造、化学物質によるシックハウスの予防（参照 6-8-1）などがある。実際には、給気口の前に家具が置かれ、計画通り換気がなされていない場合も多い。形式的に法定の換気扇・給気口を付けるのではなく、家全体の空気の流れを想定し、効率的な機械換気を考えたい。

第 8 章　設備機器

-1　換気扇とメンテナンス

　数年経った換気扇本体や排気口は、**ホコリが付着し、想定された風量が確保されていない**ケースがほとんどである。換気扇本体の清掃はできても、室内側から排気口の清掃ができない構造のものが多い。目詰まりしないように防虫網を設けない、屋外側からアクセスしやすい位置に換気扇を配する、などの設計上の配慮をしておきたい。

-2　24 時間換気

　建築基準法で、シックハウス予防の観点から換気設備を設けることが義務づけられている（参照 6-8-1）[*1]。加えて、水まわりには、湿気の排出のための換気扇が設けられる。一般的に、住宅では**水まわりの換気扇を 24 時間換気対応**として、各室に給気口を設置する**第 3 種換気**とすることが多い。水まわり諸室に自然に暖気が流入するし、常に風下となるので、湿気が家中に逆流することもない（参照 4-7-2）。**浴室、トイレ、洗面所の換気を 1 台でまかなう 3 室換気**用や、浴室暖房・衣類乾燥の役割も果たす**浴室換気暖房乾燥機**など、いろいろなバリエーションがある。

　第 3 種換気の場合、必ずしも各室の給気口からバランスよく給気されるとは限らず、適切に機械換気されない部屋が生じてしまうおそれがある。第 1 種換気も

■ 換気方式

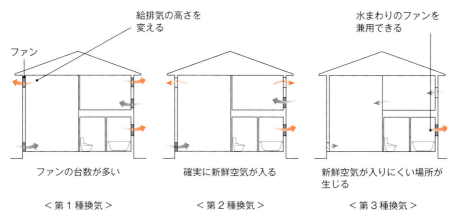

| ＜第 1 種換気＞ | ＜第 2 種換気＞ | ＜第 3 種換気＞ |
| ファンの台数が多い | 確実に新鮮空気が入る | 新鮮空気が入りにくい場所が生じる |

＊1　建築基準法施行令第 20 条の 8。居室に対して換気回数 0.5 回 /h が必要となる。

しくは第2種換気とすれば、各部屋に確実に新鮮空気を給気できるが、換気扇の台数は増えてしまう。

　全熱交換型[*2]換気扇は、給気と排気とで熱交換を行うメカニズムを持つもので、特に**暖房時の換気による熱ロスが少ない**。しかし、日本では熱交換が不要な時期も長い。換気扇本体のコスト増に加え、換気ダクトを配置するための天井フトコロも必要となる。寒冷地でなければ、大きなメリットとはいえないだろう。

-3　レンジフード

　キッチンのコンロに対応した換気装置として、**レンジフード**が設けられる（ 参照 4-4-1）[*3]。IHコンロは燃焼を伴わないが、煙や湯気は排出されるので、風量は小さくともレンジフードを設置しておく方が無難である。レンジフードは、他の換気扇と比べて**大風量**となるので、それに**対応した給気口を近傍に設ける**ことが必要となる。隣接するリビング内に暖炉や薪ストーブがある場合、レンジフードを回した際に、煙突経由で給気され、煙突内を煙が逆流することがある。ストーブのメーカーとよく打ち合わせ、対策を講じておきたい。

▶ 給・排気口の位置

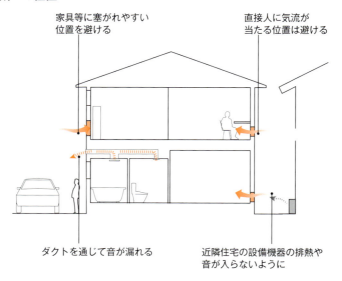

*2　外部から新鮮空気を採り入れる際、室内から排出される空気と熱交換を行い、換気に関わる熱ロスを少なくした換気設備。ロスナイと呼ばれることもあるが、これは商標である。
*3　燃焼を伴う場合は、昭和45年建告1826号で定められている。

-4 給・排気口の位置

給気ガラリの位置を決めるにあたっては、家具などの**障害物でふさがれるおそれがない位置**とするのはもちろん、給気ガラリから入った空気が**人体にあたって不快とならない**配慮も求められる。家具の配置、部屋の使われ方との関係をよく検討しておきたい。

見落とされがちであるが、他の換気扇からの排気や設備機器からの排熱が給気ガラリから室内に入ってくる（**ショートサーキット**）ことのないよう気を配りたい。給気ガラリの設置面を違えるか、十分距離を置くべきである。また、給・排気口は、室内の**音が外に漏れやすい**部位でもある。浴室・トイレなど、プライバシーにデリケートな部屋の給・排気口には注意したい。ダクトを通じて、離れたところで思いがけず音が漏れてしまう。建て込んだ敷地では、**隣家の設備機器・開口部との位置関係**も留意したい（参照 9-2-3）。

また、周囲の湿度が高くなりがちな敷地（参照 2-2-3）では、給気口の位置をできるだけ乾いた面に、**地面から離れた高い位置**に設けたい（参照 6-4-1）。

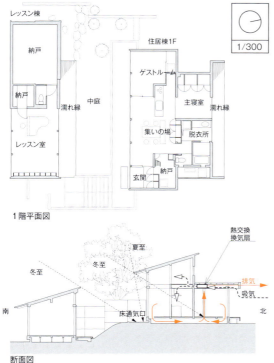

Photo Info 亀山双屋（栗林賢次建築研究所）、
三重県亀山市（2003）

住居棟とレッスン棟が平行配置されており、高低差を利用してそれぞれの棟の日照・通風が確保されている。全熱交換型の第1種換気が行われているが、室内空気を単純に排気するのではなく、床下を経由させてから排気するシステムが提案されている。床下空気と室内空気が混じることなく、熱だけが室内に取り込まれる形となっている。冬は熱容量の大きな基礎コンクリートを利用して（参照 6-1-3）床表面温度を上げ、夏は床下の冷熱を利用できる。

風の間

8-5　給水・給湯と衛生機器

　日本は、雨が多く、水に恵まれた国である。また、入浴を重んじる文化がある。「湯水のごとく」という表現があるように、湯・水は惜しむことなく使えるものだとの感覚がある。しかし、8-1節で述べたように、給湯に関わるエネルギー消費は約30％を占める。そもそも上水は、取水された後、浄水場で処理がなされ、ポンプ場で圧が加えられ、配水される。停電と同時に断水することからわかるように、水自体もエネルギーをかけて届けられている[*1]。水や湯に関わる衛生機器のあり方、水そのものの使い方を、省エネという観点から見直してみる必要がある。

＊1　上水の電力使用原単位は約520Wh/㎥（平成18年）（厚生労働省：水道事業における環境対策の手引き書（改訂版））。

-1　給湯配管

　厳冬期には給湯栓をひねっても、お湯がなかなか出てこないことがある。給湯管が冷えてしまい、温かい湯が水栓まで届くのに時間がかかるためである。給湯管からの熱のロスを少なくするために、**給湯配管**はできるだけ**短く**した方がよい。給湯の必要となる**浴室、洗面所、キッチン、洗濯機置き場をできるだけ近接**させ、その**近傍に給湯器を配置する**ようにしたい（参照 4-7-3）。給湯配管を暖房区画の内側（室内）に配することができればさらにロスを減らせるが、ルートの確保が困難なことも多い。

-2　浴槽・浴室

　浴槽には200ℓ内外のお湯が張られる。大量のお湯を使うので、まずお湯を作る段階での省エネを検討したい（参照 8-1）。次に、お湯の使用段階の配慮としては、湯が冷めにくい工夫がなされた**高断熱浴槽**がある。入浴時間帯がずれるような家庭の場合には、追い炊き回数が減るなど効果が大きい。ただし、その効果が発揮されるためには、**浴室自体の高い断熱性**が必要である。また、浴室まわりでは、断熱・気密ラインが曖昧になりやすい。細心の注意が必要である。

　シャワーは、住宅内で最も大きな給湯原単位となる。**節水型のシャワーヘッド**として、湯の使用量を抑えることを考えたい。

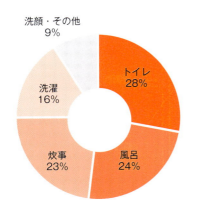

■ 家庭での水の使われ方

東京都水道局　平成18年度一般家庭水使用目的別実態調査

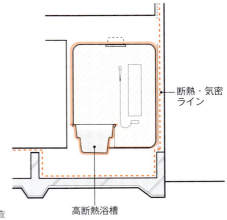

■ 浴室まわりでの断熱・気密ライン

-3 便器

住まいにおける水の使用量は、トイレ（28%）、風呂（入浴）（24%）、炊事（23%）、洗濯（16%）[*2]の順となっている。一般には、トイレでそれほど多くの水が使われていると認識されていないだろうが、**最も使用量の多い部位**であり、節水のしどころといえる。通常の便器では1回の洗浄で13〜14ℓほどの水を使う。ペットボトルでイメージすれば驚くほどの量である。それに対して最新の**節水型の便器**では洗浄水が6ℓ程度で済む。4人家族ではその差は1日当たり50ℓにもなる[*3]。

-4 節水型水栓

流末に位置する水栓についてみれば、**節水・節湯型の水栓**を考えたい。節水・節湯のメカニズムは様々であるが、いずれも少ない湯水の量で機能を満たす工夫がなされている。**キッチン水栓**は、**シングルレバーの湯水混合水栓**が用いられることが多い。一本の指で水量・水温の調整が可能であり、**操作性に長けている**。しかし、レバーをセンターの位置で使用すると、水と湯が混じる状態となり、知らず知らずのうちに湯を使っていることとなる。最近では、センターでは水のみとし、出湯する時にクリック音で認識されるような工夫がなされ

■ 給湯配管と節水型端末

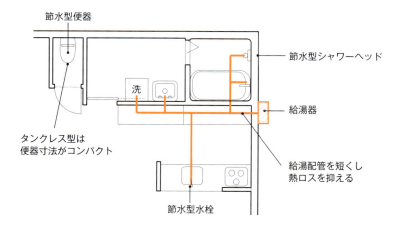

[*2] 東京都水道局　平成18年度一般家庭水使用目的別実態調査。
[*3] 一般社団法人日本衛生設備機器工業会、一般社団法人温水洗浄便座工業会：トイレナビ

た水栓も出されている[*4]。これらの水栓は、大きなコスト増となるわけではないので、積極的に採用を検討したい。

-5 雨水利用

上水の使用量を抑える工夫として、**雨水を貯留**した**中水利用**がある。雨水貯留槽を設け、貯留した水をトイレの洗浄水、植栽への散水などに利用するもので、災害時にも有効である。しかし、中水を、温水洗浄便座には用いることができない。中水の利用先がそれほど多くないこと、**貯留槽を置くスペースが必要**であること、取水口が落ち葉で詰まったり貯留槽内にボウフラが湧いたりする**などメンテナンスが大変**であることを考え合わせると、雨水貯留槽の設置は、そういった負担・制約を理解できる居住者に限られるだろう。

2階平面図

1階平面図

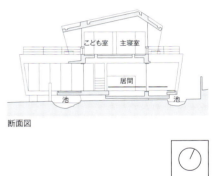

断面図

1/300

Photo Info 風の間（芦澤竜一建築設計事務所）、沖縄県那覇市（2011）

南北方向に貫通するカルバート状の構成を持った住宅である。風が抜けるように、南北面は全面開口となっており、深い軒の先にワイヤーメッシュが張られ、緑のカーテンが形作られている。屋根面に降った雨は、樋を経由して2階テラスに置かれた水瓶から、グランドレベルの池まで段階的に貯留される計画となっている。1階床は高床式であり、水面で冷やされた空気を床下から採り入れられるよう、床面にも採風口が設けられている。

＊4　エコシングル水栓（TOTO）。

スカイハウス
撮影 新建築社写真部

8-6 照明計画

　谷崎潤一郎が「陰翳礼賛」[27]で謳ったように、伝統的に日本では光に対する繊細な感覚が培われてきた。光環境を作り出す照明計画にも意識を払いたい。同じ空間でも、照明器具の形式、配灯、ランプの色温度によって、雰囲気はドラスティックに変わる。費用対効果の大きい、有効な空間デザイン手法といえよう。また、照明は、電気エネルギー消費の最もわかりやすい形ともいえる。人工照明を含めた光環境を通じて、エネルギーを使ってどのように生活を組み立てるのか、見直してみるきっかけとなろう。

-1　配灯計画

　照明計画を考えるにあたって、まず諸室での行為に応じた**必要照度を確保**することが基本となるが、あとから手もと照明を追加することも容易なので、あまりナーバスになることはないだろう。また、人間が感じる明るさ感と照度とは必ずしも一致しない。**明るさ感を評価するFeuという指標**[*1]も提案されているので、参考にするとよい。

　照明器具を配置するにあたっては、従来の一室一灯型の配灯計画に対して、**光量の小さい器具を多数組み合わせていく多灯分散型**[*2]の配灯計画とすると、生活行為に応じた光環境をアレンジしやすくなる。無駄な点灯も減り、光環境の向上と省エネとの両立がはかれる。安易にシーリングライトやペンダントを部屋の中央に置くだけの配灯計画とならないようにしたい。

▍JIS照度基準

●住宅

照度lx	居間	書斎	子供室勉強室	応接室(洋間)	座敷	食堂台所	寝室	家事室作業室	浴室脱衣室	便所	廊下階段	納戸物置	玄関(内側)	門、玄関(外側)	車庫	庭
2000	—															
1500	○手芸						○手芸									
1000	○裁縫						○裁縫○ミシン									
750	○読書○化粧(10)○電話(14)	○勉強○読書	○勉強○読書	—	—	○食卓○調理台○流し台	○読書○化粧	○工作	○ひげそり(10)○化粧(10)○洗面	—	—	—	○鍵	—	○掃除○点検	—
500																
300																
200	○団らん○娯楽(13)	—	○遊び	○テーブル(12)○ソファ○飾りだな	○座卓(12)○床の間			○洗たく					○くつぬぎ○飾りだな			○パーティ○食事
150																
100						全般	全般	全般		全般			全般	—	—	
75		全般		—	—						全般			○表札・門標○郵便受け○押ボタン		テラス全般
50	全般		全般	全般	全般				全般			全般			全般	
30																
20							全般									
10													○通路		○通路	
5													—		—	
2													防犯		防犯	
1							深夜		深夜	深夜						

JIS Z 9110-1979「照度基準」付録7-1

[*1] パナソニックによって開発された空間の明るさ感の指標。床面や机上面照度（ルクス）による評価と比べて、天井・壁・床を含めて評価するので、実感に則しているとされる。

[*2] 一つの部屋にW数の小さい複数の照明器具を分散設置していく配灯方式。運用時の点灯パターンを工夫することで、少ないエネルギーで、行為に応じた光環境を実現できる。国土交通省の自立循環型住宅開発委員会の研究成果のひとつ。

複数の照明器具の役割を、周辺（アンビエント）を照らす**全体照明**と必要な箇所（タスク）を照らす**手もと照明**とに分けて、**タスク・アンビエント照明**とすると明快である。必要な場所に必要な照度を確保することで、無駄のない照明計画となる。

さらに、アンビエント照明を**光源が眼に入らない間接照明**とすれば、**輝度対比の少ない**空間とできる。昼光利用時と同様に（ 参照 7-2-2）、人工照明の光を受ける面を想定することで、全体が柔らかな印象の空間となる。

-2 ランプ種類

一般的に住宅で照明に使われるランプの種類として、**蛍光灯、LED、白熱灯**（ハロゲン・クリプトンなど）が挙げられる。白熱灯はランプ効率・ランプ寿命とも大きく劣り、近年生産自体が中止される状況となっている。蛍光灯とLEDは効率は遜色ないが（ 参照 8-1-2）、蛍光灯はランプ自体が大きくなり、光も拡散するので、スポットライト的な使用には向かない。LEDはランプが小さく、少ない光量のものも選択できるので、部分的な照明に適している。しかし、光束数が大きいため、まぶしさ感があったり、影の出方が気になるという居住者もいるので、確認をした方がよい。

■ 灯具の形式

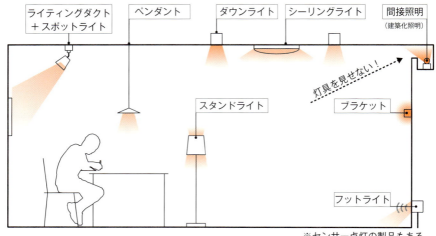

※センサー点灯の製品もある

-3 機器形式

照明器具の形式としては、壁付けの**ブラケット**、天井埋め込みの**ダウンライト**、天井直付けの**シーリング**、天井からぶら下げる**ペンダント**、足もとを照らす**フットライト**等が挙げられる。また、**ライティングダクト**を設けておけば、あとから居住者が自身で**スポットライト**をアレンジしていくことが可能である。

-4 色温度

従来、日本では色温度の高い、すなわち白色の照明色が好まれてきたが、欧米では全般に色温度の低い、黄色い光が好まれる。一般的な蛍光灯には電球色、昼白色、昼光色がある。**昼光色**は青白い光であり、**爽やかな感覚**を呼び起こし、**電球色**は黄色みを帯びていて、**落ち着いた印象**を与える。ダイニングやリビングは低めの色温度とすることを勧めたいが、居住者の好みもある。最近ではLEDでも色温度のバリエーションが増えている。ランプは照明器具付属でない場合は**色温度の指定**をしておかないと、いつの間にか想定外の色温度のランプが取り付けられてしまうことがあるので、注意が必要である。

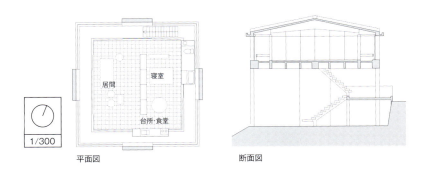

平面図　　　断面図

Photo Info スカイハウス（菊竹清訓）、東京都文京区（1958）

メタボリズム運動の代表的な建築家である菊竹清訓の自邸。回廊がめぐらされた方形の1室空間の上部に4枚のHPシェル屋根がかかっている。下部のピロティ部にはムーブネットと称する子ども室ユニットが吊り下げられる計画であった。足もとでは、外周の廊下との間仕切りの地窓部に床面を照らす間接照明を設けて回遊性を強調し、上部には天井面に向けた間接照明を配してHP曲面を浮かび上がらせている。

Bed ZED

8-7 創エネ機器、防災対応機器

　環境への意識の高まりを背景に、各種の再生可能（自然）エネルギーの利活用が注目される。また、2011年の東日本大震災とその後の計画停電を経て、災害時の対策についての議論も多くなされている。それらを受けて、住宅においても、再生可能エネルギーの高度利用をはかる創エネ機器や災害対策設備の装備が検討される状況となっている。これらの設備は、補助金や優遇措置などによって普及が図られているが、開発されてから日が浅いものもある。採用にあたっては、現状をよく理解して臨む必要があるだろう。

-1 太陽光発電

現時点で、最も普及・認知されている再生可能エネルギーの高度利用手法として、**太陽光発電（PV）パネル**がある（参照 6-3-3）。設置コストの低下と高額の電力買い取り制度に基づき、**費用の回収が可能**な投資として位置づけられる。設置位置に関しては、日照の確保しやすい屋根面が一般的である。パネルの色は**濃色に限られ、大きな屋根面積を占め**、外観に大きな影響を及ぼす。**南下がりの屋根面**への設置が最も効率よいが、フラット（88％）、東西面（80％）でもある程度の効率を見込める。北面でも50％程度となる。**設置位置は**ある程度**柔軟に考えてもよい**だろう＊。

パネルは工業製品であり、**個別の寸法調整ができない**。しかも、メーカーによって寸法体系が異なる。寄せ棟では斜め部分での**パネル割り付け**が絡んでくる。片流れとすれば大きな敷設面積が確保しやすいが、北側斜線（参照 3-1-1）に抵触しやすい。大面積（大容量）での敷設を考えるのであれば、設計の初期からメーカー、納まりを決め、屋根形状との摺り合わせをしておく必要がある。

設置にあたっては、防水層を傷めない取り付けディテールが課題となる。信頼性の高いメーカー、**屋根防水保証の出せる施工者**を選びたい。また、日射量（影）、パネルの汚れ、初期不良などから、必ずしも**カタログに謳われた出力が得られるわけではない**ことを、居住者に伝えておく必要がある。

■ 太陽光発電パネルの設置方位と太陽光利用率　　■ 屋根勾配と太陽光利用率

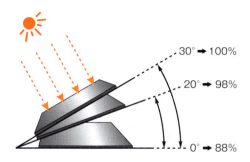

＊ LCCM住宅研究・開発委員会編：LCCM住宅の設計手法—デモンストレーション棟を事例として、建築技術（2012）

-2 太陽熱温水

屋根面で集熱して温水を作る**太陽熱温水システム**は、日射に恵まれ、かつ湯の消費量が大きい（参照 8-1）日本においては、有効な再生エネルギー活用手法といえる。残念ながら設置に関わる補助金等が見込めない場合が多く、**設置費用の回収は難しい**が、環境への意識の高い居住者にはお勧めのシステムといえる（参照 8-1-1）。

パネルの設置にあたっては、できるだけ**南向き**とすべきである。方位によっては効果が著しく落ちてしまう。一方、家庭での必要湯量を確保するためのパネル面積は数㎡程度で済む。太陽光発電と逆で、**場所を選ぶが、面積の制約は小さい**。バルコニー手すりに設置するものもある。**貯湯槽の設置スペース**、配管ルートの確保など、太陽光発電に比べて設計上の制約・工事の手間は大きい。

-3 HEMS

より高度に住宅内のエネルギー管理を行うために、**HEMS（Home Energy Management System）**が提唱されている。家全体でのエネルギー使用状況の表示、それに基づく機器制御が目されている。家自体がセンサーとなり、遠隔操作される巨大な設備機器となるようなイメージである。実際には、個別の機器側で使用状況は表示可能だし、制御も住宅ではそれほど複雑なものではない。逆に HEMS が稼働することでの電力消費の増もある。**「見える化」による省エネ効果**があるとされるが、その効果は長続きしないとの報告もある。現時点では、住宅に必須と位置づけられるものではないだろう。

▶ バルコニー設置型太陽熱温水システム

出典：東京ガス SOLAMO

▶ HEMS

電気使用量などがモニターに表示される

-4 蓄電池

　太陽光発電パネルで作り出された電気を、使用する時間帯まで蓄えたり、**災害時の予備電源**としたりするために、蓄電池を備え付けることも考えられる。しかし、太陽光発電の際を行うにあたっては電力会社との間で売買電をすることとなる。すなわち余剰を電力会社に蓄えているとみなせば、個人で蓄電池を備える必要はないともいえる。また、非常電源としては、ポータブルの自家発電機の方が安価で省スペースでもある。蓄電池の耐用年数、蓄電時のエネルギーロスも課題である。冷静に必要性を判断すべき設備といえよう。

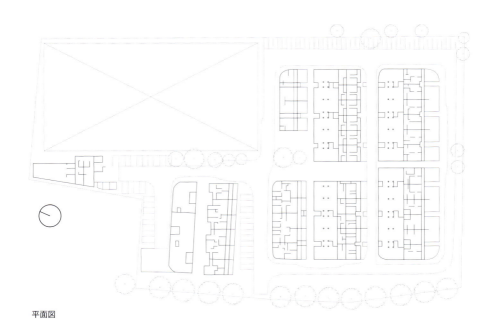

平面図

Photo Info Bed ZED（ビル・ダンスター）、イギリス ロンドン（2002）
Zero Energy Development という考え方に基づいた実験的な集合住宅地の開発である。オフィスを併設した住棟計画によって、職住を含めた生活全体でのエネルギー削減が目されているが、さらに木チップを燃料とするコージェネレーションシステムによる熱・電気の供給、太陽光発電パネルによる電気自動車用の充電スタンドへの電力の供給など、設備的にも様々な提案が盛り込まれている。想定通りとはなっていない部分もあるようだが、集合住宅というスケールメリットを活かした設備システムといえよう。

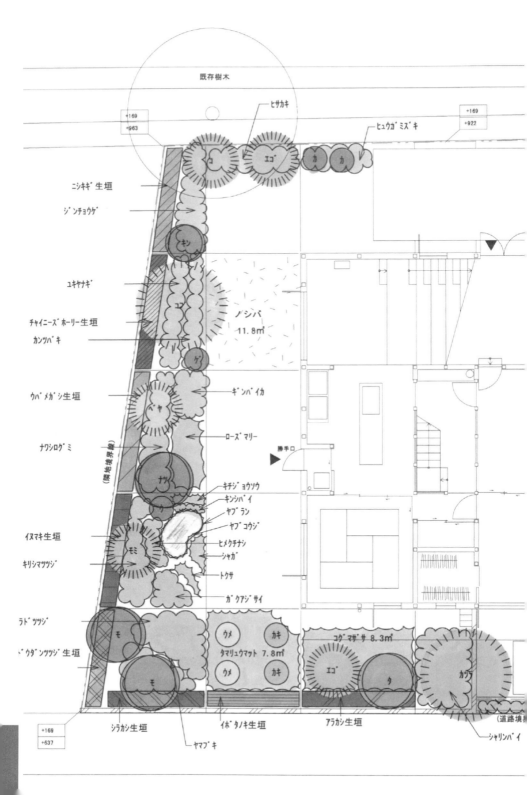

9 周辺環境

　住宅は、ある周辺環境の中に存する。住宅の室内環境は、その周辺環境に左右されることとなる。建築評論家である J.M.フィッチは、
　「建築においても最良の戦略は、戦争時と同じく深層防護である。敷地境界線で気象現象に遭遇していれば、壁面での対処はずいぶんと楽になる。（中略）敵と対戦する場所を決めさえすれば、微気候を有効利用し、これを望み通りに制御する様々な建築的手法を開発することができる」[28)]
と述べている。
　室内環境が周辺環境の影響を受けると同時に、住宅は周辺環境へ影響を及ぼす。すなわち小さな個人住宅であっても、周辺環境を形成する一要素となる。周囲に与える負荷をできるだけ抑え、逆に周囲に寄与するような建築であることが望まれる。マクロに見れば、そういった周囲を尊重する姿勢が、地球全体の環境配慮へとつながっていく。
　すなわち、**住宅の室内環境は、周辺環境との相互作用**の中に位置づけられる。住宅は外部との接点の多い建物である。設計するにあたっては、建築だけでなく、ランドスケープや外構といった周辺環境にも意識を向けていきたい。

世田谷区深沢環境共生住宅

9-1 　微気候を制御する

　地表面近くの局所的な気候を微気候という。敷地周辺の緑地や水面の存在、周囲の地形や隣接建物との距離によって、敷地の風向や外気温は影響を受ける。結果として、その場所特有の微気候が形成されることとなる（参照 2-2-1）。面積が小さくとも、建物周囲の外構によって、多少なりとも微気候をコントロールすることができる。外構計画を通じて、室内環境に寄与する微気候を作り出したい。

　しかし、現実には、外構計画は住宅の設計と切り離して行われるケースも少なくない。別途工事になることすらある。外構計画を室内環境制御の第一段階として認識したい。周辺環境から室内環境までシームレスにとらえ、外構計画も建築計画とシームレスに行いたい。

-1　樹木による日射遮蔽

　環境に寄与する外構計画として、まず、樹木による日射遮蔽が挙げられる。**落葉高木**が建物周囲にあれば、**夏季は日射を遮り、冬季には日射を通し**、季節に応じた日射制御が可能である。ただし、落ち葉で軒樋が詰まらないような配慮が必要である。

　また、樹木は葉に多くの水分を含み、蒸散作用もあるため、夏季でも表面温度が上がりにくい。ヒートアイランド現象の対策とされるように、**暑熱を緩和する効果**も期待できる。さらに、樹木が群となることでその効果が相乗される（参照 2-2-1）。**周囲の緑と連携してクールスポットを形成**し、周辺環境に寄与することも考えたい。

-2　地面・外部床面からの輻射

　次に、地面からの**輻射の影響を軽減するような地表面の仕上げ**を考えるべきである。日射を受けたときの表面温度は、アスファルト・コンクリート＞ウッドデッキ＞地被（芝）の順となる[29]。アスファルトなどの舗装面の表面温度は夏季には60℃にもなり、いうなれば、低温サウナのような状態となる。建物周囲はできるだけ高温とならない芝生、ウッドチップなどで被うことを考えたい。

　ただし、輻射を抑えられる素材は耐久性・メンテナンス性に難があるものが多い。耐久性・メンテナンス性を考えれば、舗装材で被わざるを得ないということになるが、その場合でも舗装部を保水性舗装としたり緑化ブロックを用いたりして、表面温度の上昇をできるだけ抑えるような配慮をしたい。多孔質の素焼きレ

▎敷地周囲の微気候

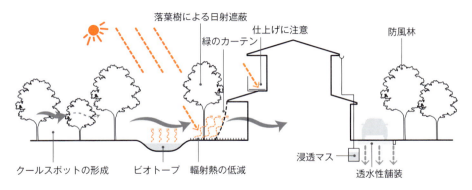

ンガや割瓦を敷き詰めるのも有効である。逆に、玉砂利は熱を貯めやすく（参照▶6-2）、夏季は相当高温になる。特に、**掃き出し窓の前面は地面の照り返しの影響が大きい**ので、その舗装材には注意したい。

上階の開口でも、屋根やテラス床面など周囲の構築物から輻射の影響を受ける。テラス床面には、ウッドデッキ材を敷設するなど、熱を溜め込まない素材とする配慮をしたい（参照▶6-3-1）。集合住宅のバルコニーでも同様である。

-3　水面

近くに池や水盤など**水面**があることは、**周囲への熱の影響を抑える**という意味では有効である。水は土より比熱が大きく、暖まりにくく冷めにくい。内陸部より海沿いの方が、季節や1日の温度変化が小さいことからわかるように、水があることでより安定した屋外の温熱環境となる。また、開口部の手前に水面があれば、**水面での反射光**によって部屋の奥の方まで光を導き入れることもできる。まぶしさの問題はあるが、反射光を利用して印象的な室内空間を演出することも可能である。

▮ 出雲地方の築地松

提供：島根県土木部都市計画課

第9章 周辺環境

しかし、当然のことながら周辺の**湿度も高くなり**がちである（ 参照 2-2-3）。結露・カビの発生につながりやすく、除湿器を長時間回すことになりかねない。また、水がよどんだ状態では、蚊などの**害虫の発生も懸念される**。水面をどのように活かすことができるのか、その評価は難しいところである。

-4 防風

次に風を制御するという点では、**防風林**＊という古くからの生活の知恵がある。住宅を取り囲むように、冬季の風向に対応した位置に樹木を密植させるものである。樹種の選定にあたっては、**常緑で、高木となる**ものを選ぶとよい。ただし、積雪時には枝が折れやすいので、積雪地では注意が必要である。

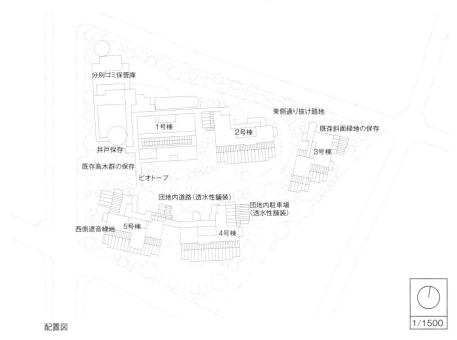

配置図

Photo Info 世田谷区深沢環境共生住宅（世田谷区＋市浦都市開発・岩村アトリエ共同企業体）、東京都世田谷区（1997）

様々なレベルでの環境配慮に取り組む「環境共生住宅」という概念に基づいた区営住宅である。岩村は、バウビオロギー（建築生物学）という視点から、生態系の中における建築のあり方を探るスタンスをとっている。太陽熱温水、太陽光発電パネル、風車といった設備面での提案だけでなく、積極的な緑化、ビオトープの設置、既存樹木の保存などを通じて、あたかも整備前の昔の風景のような外部空間を作り出し、敷地内外の微気候の制御を行っている。

＊ 築地松（築地松：出雲地方）、居久根（いぐね：東北地方）、垣入（かいにょ：砺波平野）などが有名である。

ミナガーデン
撮影　新建築社写真部

9-2　周囲と良好な関係を築く

　住宅は周囲と多くの接点を持つ。光、風、熱などの物理的な環境に関する接点だけでなく、街並みや近隣のコミュニティといった周辺環境という意味合いの接点もある。かつては、開けっぴろげな住まいの造りであり、おのずから周辺環境を強く意識せざるを得なかった。断熱性能の向上やプライバシーの確保が重視される中で、住まいは閉じる方向へと移行してきたが、だからといって周辺環境と無関係ということはあり得ない。

　周辺環境にも、受け入れたいポジティブな因子と不快な視線や不審者など排除・制御すべきネガティブな因子とがある。物理的な環境と同じく、時と場合に応じて受け入れ方を変えていくこととなる。全面的に受け入れるのでもなく、また拒絶するのでもなく、周辺との関係構築に向けてのしなやかな姿勢が求められる。

-1　プライバシーの確保

まずプライバシーの確保という点からは、外からの**視線の制御**が求められる。敷地際である程度視線の制御ができれば、建物側での視線制御は比較的楽になる。また庭での気兼ねない活動にも結びつく。街路空間から不要に室内をのぞき込まれないような外構計画を考えたい。視線制御の手法として、**塀・フェンス、生け垣のような植栽**などが挙げられる。ただし、これらの視線制御の手立ては、**通風を妨げてしまう**ことにもつながる。加減が難しいところである。

-2　防犯

また、街路からの視線が制御され、その結果として死角が生じると、**不審者が潜みやすく**なるという問題も出てくる*1。街路から建物外周を見通せること自体が抑止効果となるので、屋外空間における**プライバシーの確保と防犯性はトレードオフの関係**といえる。見えすぎず、隠しすぎず、敷地境をどのようにデザインするのか、きわめて微妙で難しい問題である。

-3　近隣への配慮

周辺と良好な関係を築くにあたっては、法的規制を守るだけではなく、周囲の

■ 周辺環境との関係

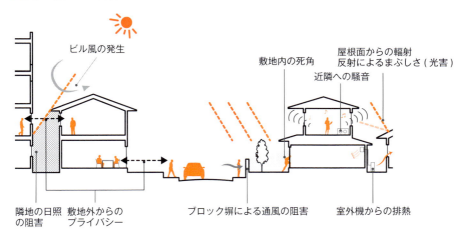

*1　警察庁 HP 住まいる防犯110番（http://www.npa.go.jp/safetylife/seianki26/top.html）

ことを気遣う姿勢も求められる。住宅の屋外には、空調室外機や給湯器・換気扇など様々な**設備機器**が配置される。それらは**音や臭い**を出すものも多い。特に、深夜電力で起動する設定*2のものは、近隣に迷惑をかけないような配慮が大切である。また、開口部を配置するにあたっても、双方の視線が交錯しないよう、隣家の**開口部と対面する位置を避ける**など、細やかに気を配りたい（参照 2-2-4）。

-4 コミュニケーションの創出

さらに、より積極的に外との関係を作り出すような外構計画としていくことも考えたい。**花壇、果樹、花樹などを敷地際に**配しておけば、近隣とのちょっとした会話のきっかけとして役立つ。もちろん居住者のライフスタイルや性格による部分が大きく、必ずしも設計上の提案に結びつかない面もあるが、一考に値するものといえよう。

-5 既存要素の尊重

考慮すべき周囲との関係は、人的な要素だけではなく、樹木や動物、さらには地形といった要素にも及ぶ。敷地を取り巻く既存要素を尊重することで、周辺との親和性の高い計画とすることを考えたい。現況の**地形を活かし**大がかりな造

▌塀・フェンスのないアメリカの住宅
（ウィンスロー邸*3）

▌川越の街並み

---

*2　エコキュートなど
*3　F.L.ライト設計

成を避ける、敷地内の**既存樹木を残す**など、自らが及ぼしてしまう周辺環境への影響を評価（アセスメント）し、そのインパクトを極力低減していくような姿勢である。逆に既存要素を積極的に活かすことで、地形と一体化したランドスケープのような屋根形状や樹木を取り囲んだ坪庭など、その敷地ならではのデザインにつながるかもしれない。

同様に、**街並み**という既存要素を活かし、**尊重していく**ことも大切である。歴史的なエリアでもなければ、日本では街並みというテーマはあまり意識されない。しかし、個人の住宅といえども周辺景観を織りなす一部となる。周辺とのバランス・調和も考えたい。

配置図

Photo Info ミナガーデン（ナイス・飯田善彦建築工房、横河設計工房、ユー・アール・ユー総合研究所）、神奈川県横浜市（2011）

環境配慮型の郊外分譲住宅地および住宅の計画である。全体マスタープランを飯田が担当し、各住宅を飯田・横河・小澤を中心とする3チームが分担している。それぞれの住宅での環境配慮の工夫に加え、敷地全体で「みんなの庭」を共用することとして、住戸の周囲に柵や塀を設けず、造成を最小限に留めている。住民も環境形成に積極的に参加し、緑地の保全・利用を通じて、良好な近隣関係、ひいては良好な周辺環境を築いていくことが目指されている。

10 事例

　ここまで、多岐にわたって住宅における環境配慮事項や設計手法を解説してきた。最終的には、それを一つの住宅の中にまとめ上げていくこととなる。個別の事項や手法を、他の事項と折り合いを付けながら具体化し、インテグレートしていくところでは、更なる工夫や配慮が必要となる。設計者として、いろいろと悩むところであろう。しかし、そこは個々の設計者のオリジナリティやクリエイティビティが発揮されるところでもある。したがって、本書ではあえてインテグレーションについての、分析や解説は行わないこととしたい。

　とはいえ、全体像への関心は高いだろう。そこで、最終章として、筆者が実際に設計を行った環境配慮型の戸建て住宅を3事例、紹介することとする。ここまで述べてきた個別の技術やアイディアが、実際の住宅の中で、どのように適用され、空間デザインに活かされたのかを見ていきたい。前章までとは反対に、できあがった建築空間から逆追いして、環境配慮の設計手法を見い出していくスタンスである。

　一方で、最後にプランが出てくると、これがあたかもモデルプランであるかのように受け止められかねないが、個別な条件の下での特殊解でしかない。他の条件下で参考になる部分もあれば、逆に参考にすべきではない部分もある。前章までの手法をもとにして、全体像を描き出すのは、あくまで個々の設計者の工夫に委ねられていることを強調しておきたい。

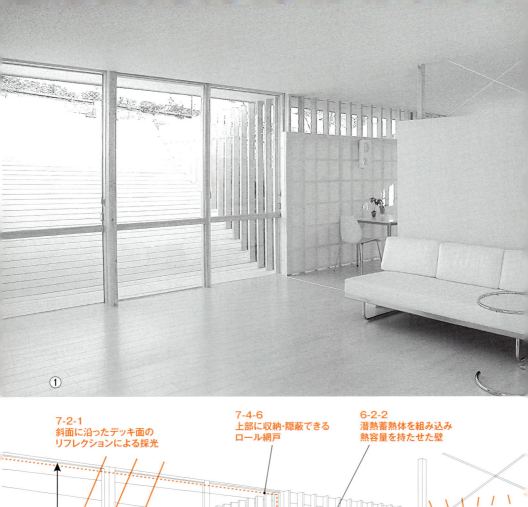

①

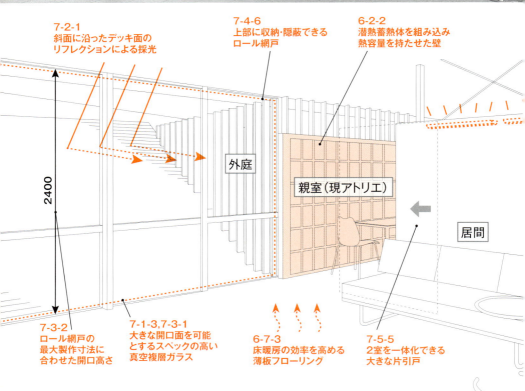

7-2-1
斜面に沿ったデッキ面の
リフレクションによる採光

7-4-6
上部に収納・隠蔽できる
ロール網戸

6-2-2
潜熱蓄熱体を組み込み
熱容量を持たせた壁

2400

外庭

親室（現アトリエ）

居間

7-3-2
ロール網戸の
最大製作寸法に
合わせた開口高さ

7-1-3,7-3-1
大きな開口面を可能
とするスペックの高い
真空複層ガラス

6-7-3
床暖房の効率を高める
薄板フローリング

7-5-5
2室を一体化できる
大きな片引戸

10-1　アシタノイエ

所在地　：神奈川県横浜市
設計者　：小泉雅生＋メジロスタジオ
竣工　　：2004年
構造規模：木造2階建
敷地面積：281.0m²
建築面積：112.28m²
延床面積：142.39m²

　郊外に建つ木造2階建ての戸建て住宅である。夫婦＋子ども3人＋老親の6人のための住居として計画された。敷地の東側には高低差3mほどの法面があり、その法面上部の尾根道と連続するように緩やかに起伏する屋根を架け渡している。

　1階は、欄間で空気がつながる、連続的な1室空間となっており、リビングと3つの子ども室と介護の必要な親の部屋となっている。中央のコアの周囲を回遊できる流動的な平面となっているが、既存樹木の周囲に設けられた小さな坪庭およびガラスタイルの貼られた内庭と呼ばれる領域によって分節化されている。

　2階はダイニング・キッチンと夫婦の主寝室が配されている。食、就寝というプライベートな行為に対応して、独立性の高い離れのような形式として、屋上緑化された屋根上に二つの箱が置かれたかたちとなっている。

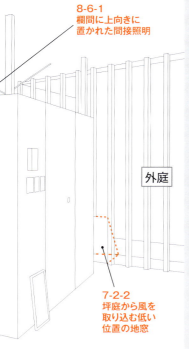

8-6-1
欄間に上向きに置かれた間接照明

外庭

7-2-2
坪庭から風を取り込む低い位置の地窓

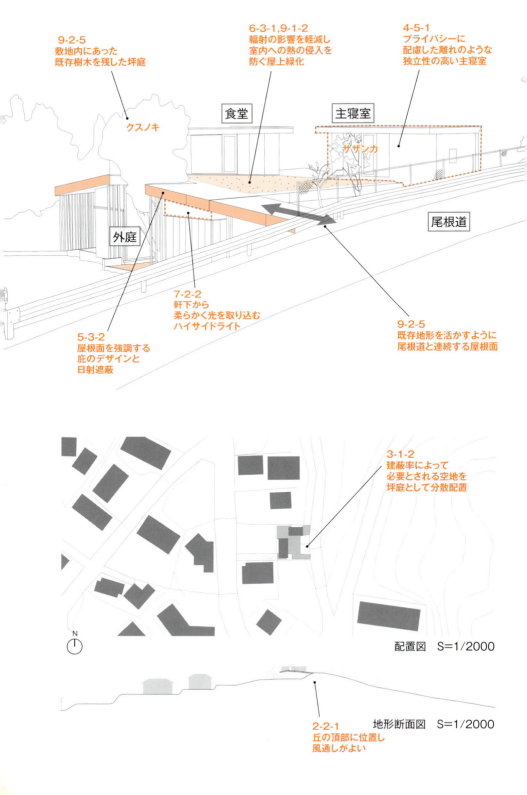

②

4-4-1
臭いや湯気の影響の
少ない上階のキッチン

2-2-1,9-2-5
敷地内の法面を
利用したデッキ

8-3-2
2階の窓に扇風機を置き、
坪庭の地窓から
冷気を取り込む

A-A'断面図　S=1/250

B-B'断面図　S=1/250

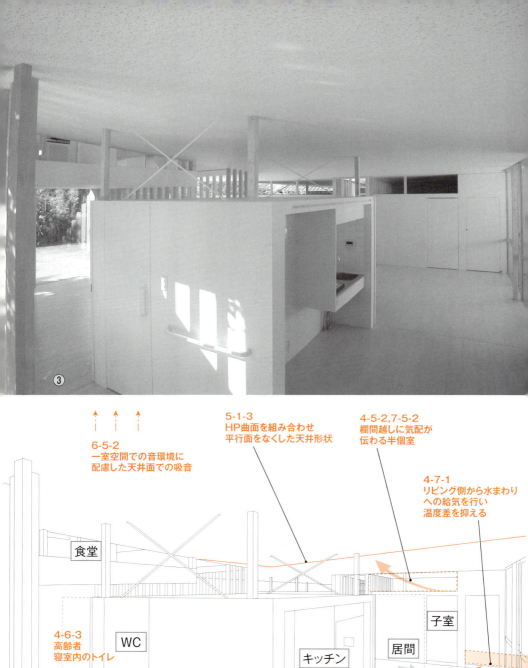

③

6-5-2
一室空間での音環境に
配慮した天井面での吸音

5-1-3
HP曲面を組み合わせ
平行面をなくした天井形状

4-5-2,7-5-2
欄間越しに気配が
伝わる半個室

4-7-1
リビング側から水まわり
への給気を行い
温度差を抑える

食堂

4-6-3
高齢者
寝室内のトイレ

WC

子室

キッチン

居間

4-4-1,8-4-4
キッチン・トイレの
排気ダクトを
床下に設け
上部に出さない

7-5-5
車椅子が通れる
余裕のある開口幅

4-8-4
車椅子でも
回遊できる動線

親室

④

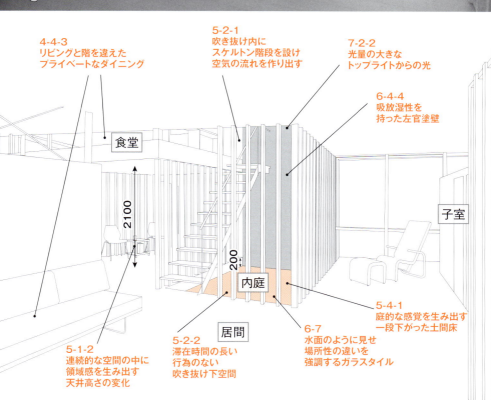

4-4-3
リビングと階を違えた
プライベートなダイニング

5-2-1
吹き抜け内に
スケルトン階段を設け
空気の流れを作り出す

7-2-2
光量の大きな
トップライトからの光

6-4-4
吸放湿性を
持った左官塗壁

食堂

2100

子室

200

内庭

5-4-1
庭的な感覚を生み出す
一段下がった土間床

居間

6-7
水面のように見せ
場所性の違いを
強調するガラスタイル

5-1-2
連続的な空間の中に
領域感を生み出す
天井高さの変化

5-2-2
滞在時間の長い
行為のない
吹き抜け下空間

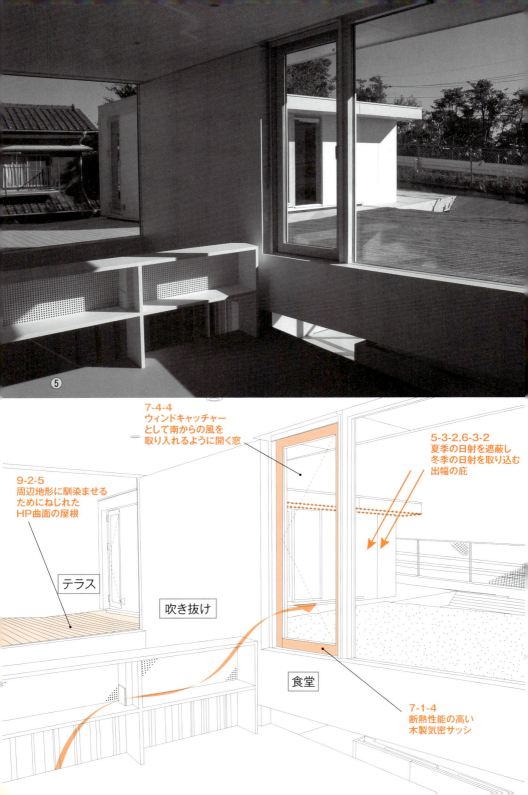

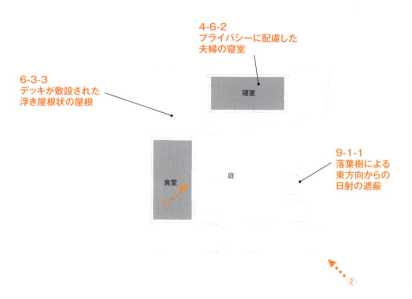

2階平面図

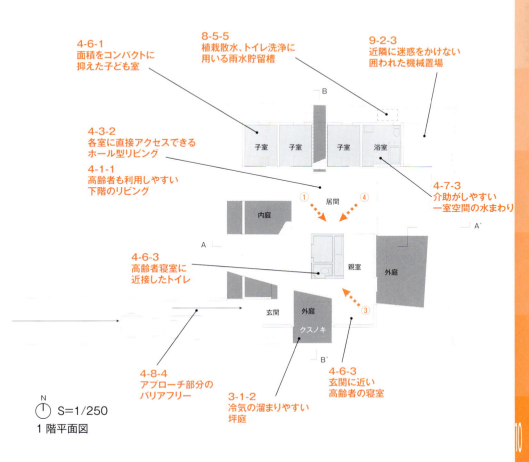

1階平面図 S=1/250

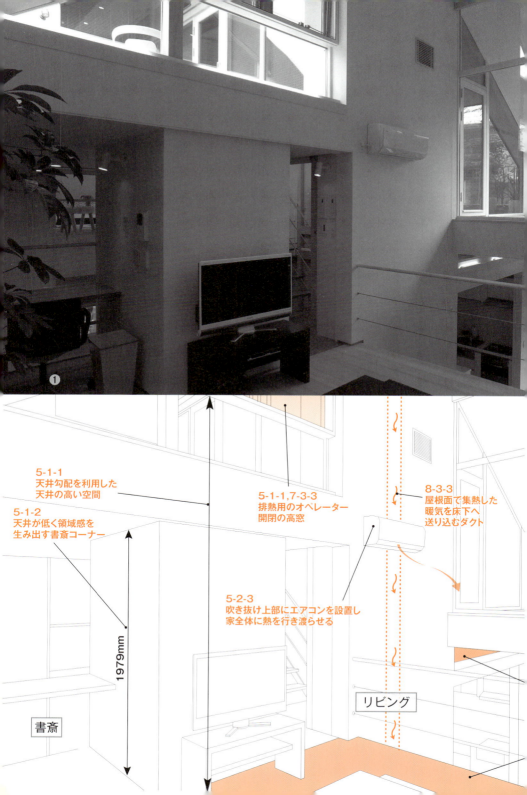

10-2 創エネハウス

所在地 ：神奈川県横浜市
設計者 ：小泉雅生
竣工 ：2009 年
構造規模：木造2階建
敷地面積：566.19m²
建築面積：105.56m²
延床面積：175.09m²

　運用時のエネルギー収支をゼロにすることを目標に、エネルギー企業によって建設されたモデルハウスである。屋根面に 5.8kW の太陽光発電パネルが敷設され、住宅内で使用されるエネルギーをオフセットしていく。想定された家族像は、夫婦＋子ども2人の核家族である。

　平面中央には階段室が設けられ、棟まで至る吹き抜け空間となっている。光と熱・風の出入り口としての役割を果たす。その周囲に、床レベル差をもってスキップ状に三つの個室がとりつき、それぞれ階段室からアクセスする形となっている。レベルの異なる床の間はスリット状となっており、家全体の空気の流れが作り出される。足もとが透いていることで、家族のつながりを作り出すことが目指されている。各個室の間には緑化されたテラスが設けられ、個室の独立性を高めると共に、良好な通風・採光環境を確保している。

7-1-2
断熱性の高い
真空複層ガラス

5-4-3
空気の流れと視線の交差を
生み出すスキップフロア

ダイニング

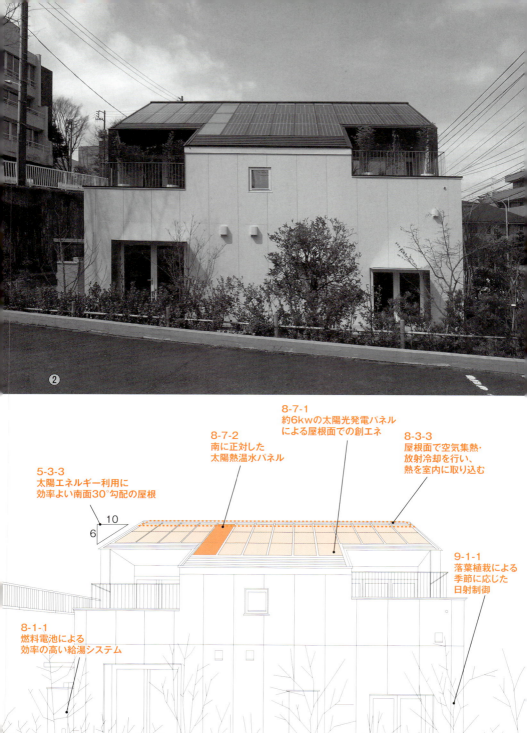

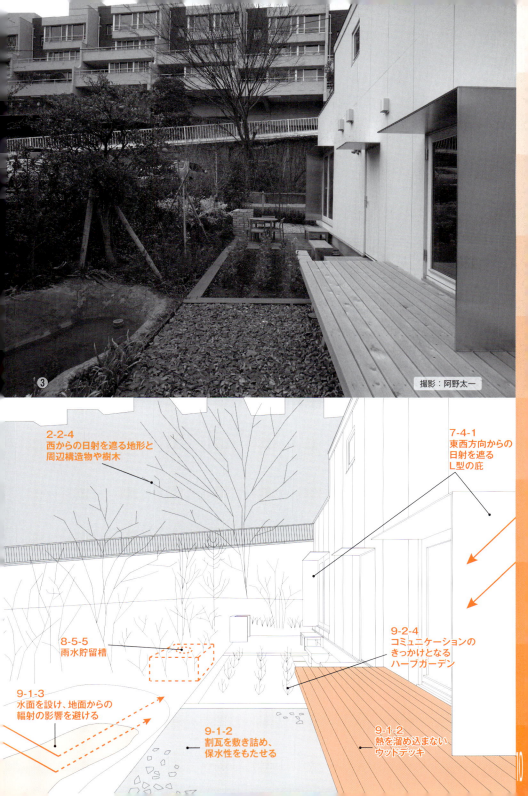

撮影：阿野太一

2-2-4
西からの日射を遮る地形と周辺構造物や樹木

7-4-1
東西方向からの日射を遮るL型の庇

8-5-5
雨水貯留槽

9-2-4
コミュニケーションのきっかけとなるハーブガーデン

9-1-3
水面を設け、地面からの輻射の影響を避ける

9-1-2
割瓦を敷き詰め、保水性ももたせる

9-1-2
熱を溜め込まないウッドデッキ

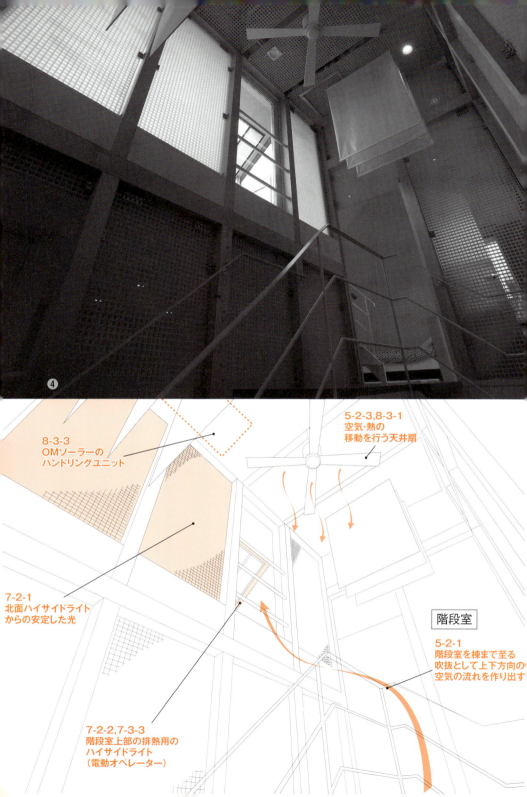

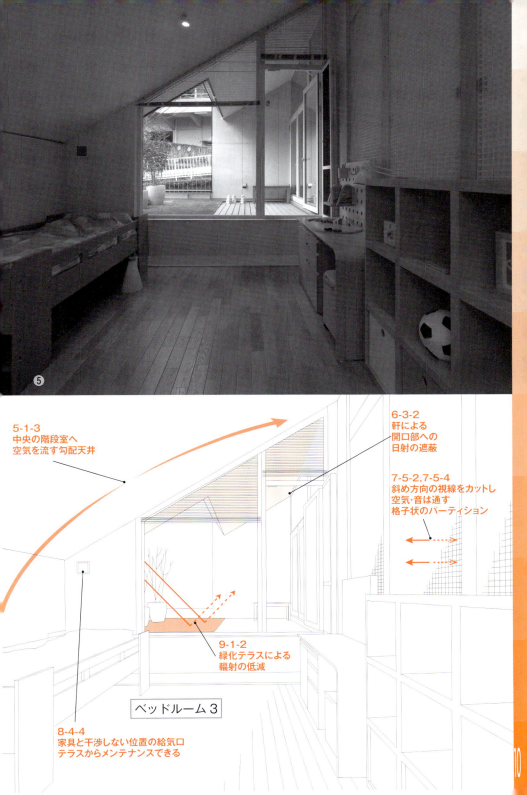

⑤

5-1-3
中央の階段室へ
空気を流す勾配天井

6-3-2
軒による
開口部への
日射の遮蔽

7-5-2, 7-5-4
斜め方向の視線をカットし
空気・音は通す
格子状のパーティション

9-1-2
緑化テラスによる
輻射の低減

ベッドルーム３

8-4-4
家具と干渉しない位置の給気口
テラスからメンテナンスできる

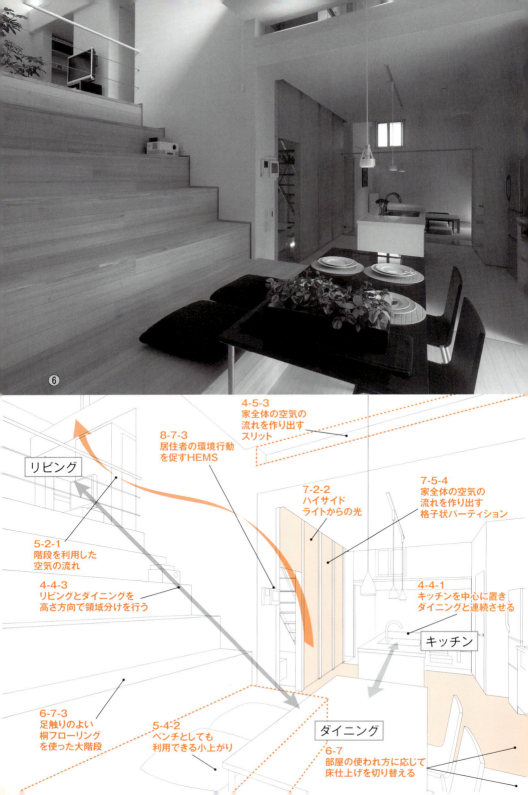

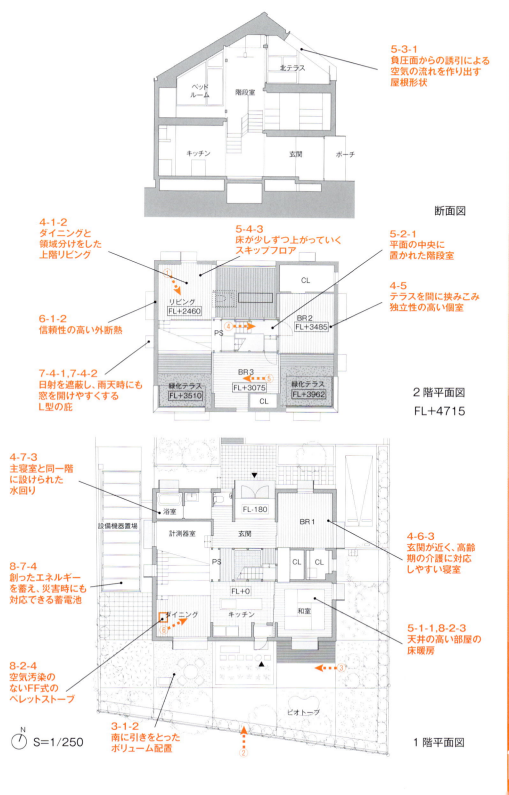

①

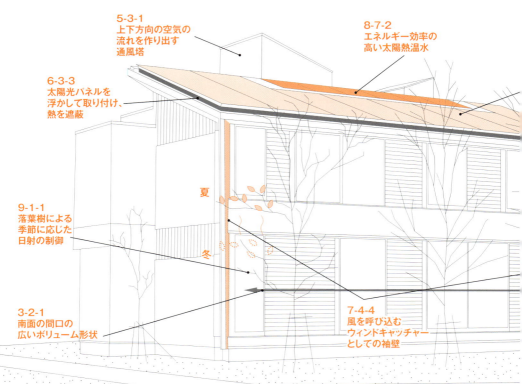

5-3-1
上下方向の空気の
流れを作り出す
通風塔

8-7-2
エネルギー効率の
高い太陽熱温水

6-3-3
太陽光パネルを
浮かして取り付け、
熱を遮蔽

9-1-1
落葉樹による
季節に応じた
日射の制御

夏
冬

3-2-1
南面の間口の
広いボリューム形状

7-4-4
風を呼び込む
ウィンドキャッチャー
としての袖壁

8-7-1
太陽光発電パネル(8.7kw)
による屋根面での創エネ

9-1-4
北風を防ぐ
防風林

9-1-2
照り返しを防ぐ
地被植栽

10-3 LCCM住宅デモンストレーション棟

所在地　：茨城県つくば市
設計者　：LCCM住宅研究・開発委員会設計部会＋小泉アトリエ
竣工　　：2011年
構造規模：木造2階建
敷地面積：—m^2
建築面積：78.21m^2
延床面積：142.35m^2

　ライフサイクルカーボンマイナス（LCCM）住宅の研究開発の一環として建設されたデモンストレーション棟である。運用時に加えて、建設時の排出CO_2も抑え、屋根面の太陽光発電パネルで作られた電力分のCO_2で償還していき、最終的にライフサイクルでのCO_2収支をマイナスにすることが目指されている。建設時の環境負荷削減のため、主体構造は木造となっている。想定居住者は夫婦＋子ども2人である。

　平面は南から北に向けてのリニアな空間がストライプ状に重なったものとなっている。南面は大開口の縁側状の空間であり、北側は水まわり、ベッドスペースといった小空間が配置されている。中央部は、リビング・ダイニング、ワークスペースといった活動的な行為に対応したスペースとなっている。北側には、屋根の上まで吹き抜けた通風塔が2箇所設けられ、自然換気を行っている。

②　撮影：鳥村鋼一

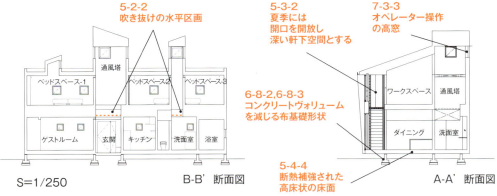

5-2-2
吹き抜けの水平区画

5-3-2
夏季には
開口を開放し
深い軒下空間とする

7-3-3
オペレーター操作
の高窓

6-8-2,6-8-3
コンクリートヴォリューム
を減じる布基礎形状

5-4-4
断熱補強された
高床状の床面

S=1/250　　　　　　　　B-B'断面図　　　　　　　　　　　　　　A-A'断面図

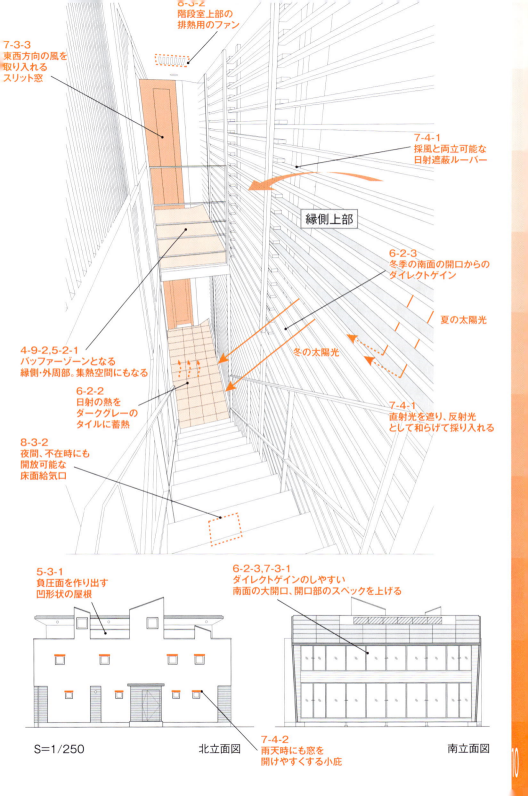

③

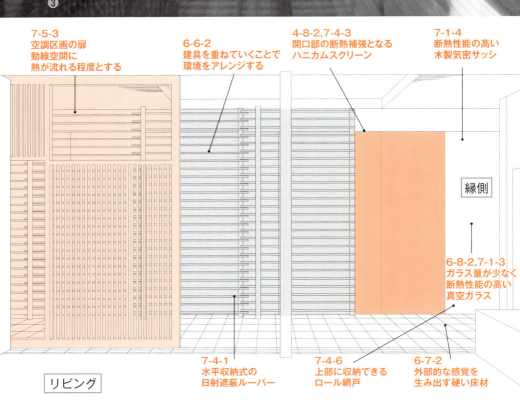

7-5-3
空調区画の扉
動線空間に
熱が流れる程度とする

6-6-2
建具を重ねていくことで
環境をアレンジする

4-8-2, 7-4-3
開口部の断熱補強となる
ハニカムスクリーン

7-1-4
断熱性能の高い
木製気密サッシ

縁側

6-8-2, 7-1-3
ガラス量が少なく
断熱性能の高い
真空ガラス

リビング

7-4-1
水平収納式の
日射遮蔽ルーバー

7-4-6
上部に収納できる
ロール網戸

6-7-2
外部的な感覚を
生み出す硬い床材

④ 撮影：鳥村鋼一

5-2-2
冷暖房時の気積を抑える吹き抜けの水平区画

7-4-1
高度の低い東西方向の日射を遮る外付けタテルーバー

8-5-4
出湯時が明示される節水型シングルレバー水栓

8-4-4
外気が直接体に当たらない位置の給気口

ダイニング

リビング

6-1-1,6-1-2
柱径の間を充填断熱しⅡ地域のH11省エネ基準をクリア

4-8-4
タイル仕上げとフローリングを面一に納める

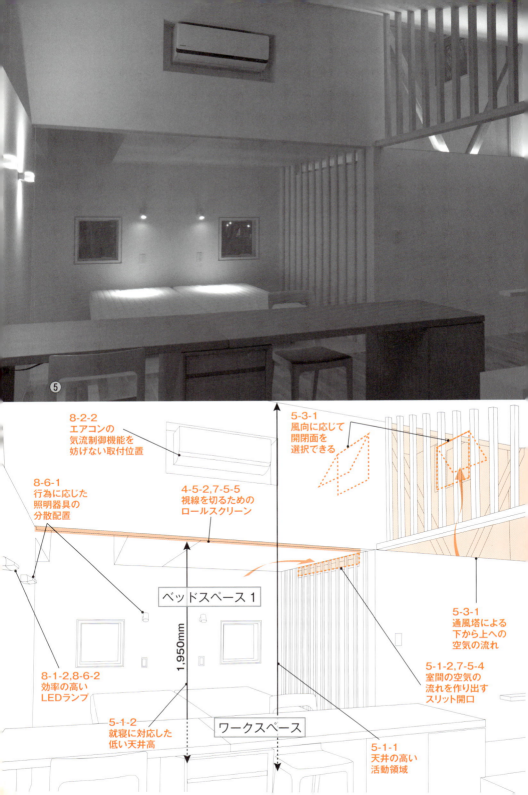

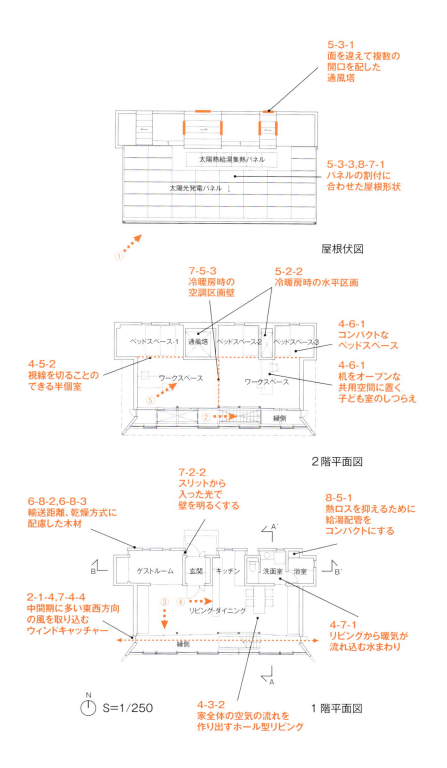

あとがき

　環境を意識した住宅の設計手法についての書籍を執筆することとなりました。自らがこれまでに 27 年間設計実務にたずさわってきた中で、思考・試行してきたことを備忘録的に書きとどめておこうと思ったのがきっかけです。

　とはいえ、経験豊富というほどたくさん住宅を手がけてきたわけではありません。実験住宅や週末住宅・改修を含めても 15 軒に満たない数です。2 年に 1 軒のペースです。多少は「環境」ということを意識したものもありますが、そこまで至らないものも多々あります。さらに、環境工学的なシミュレーションや計測をたくさん行ってきた訳でもありませんし、住宅に関わる環境面での基準や制度・評価システムに精通しているということでもありません。むしろ、この本の読者の方々と一緒（と勝手に推測していますが）で、新しい（概ね煩雑な）基準や規制が課せられる度に、少なからぬ負担を感じている側です。ただ少ないながらも、ていねいに住宅を設計してきたつもりです。そこで得られたわずかばかりの知見を共有できればと思ったのです。

　住宅の設計を通じて、これまでに多くを学ばせていただきました。そのようなチャンスを与えてくださった、それぞれの住宅のクライアントに、まず、謝辞を述べなければなりません。本の中では偉そうなことをいっているが、全然うまくいっていないではないかとおしかりを受けそうです…。特に第 10 章で取り上げた 3 つの住宅作品に関わる方々には、本当にお世話になりました。創エネハウスの JX 日鉱日石エネルギーの方々、LCCM 住宅デモンストレーション棟の村上周三委員長をはじめとする LCCM 住宅研究開発委員会の方々、省エネルギー機構・建築研究所の方々、アシタノイエの共同設計者であるメジロスタジオの黒川泰孝さん、そしてなによりアシタノイエの住人である私の家族の皆さんに、この場を借りて、感謝をいたします。

　最後に、この本の製作に協力していただいた方々のお名前をあげ、謝意を表したいと思います。図版作成で尽力してくれた首都大学東京小泉研究室 M 1 の青木昂志良君、石黒萌子さん、冨永裕太郎君。図版作成および折々の議論におつきあいいただいた、小泉アトリエスタッフの唐木研介君、奥村雅俊君、宇野達也君、川尻杏子さん。本の構想段階ですてきなアイディアを提供してくださった熊本県立大学の辻原万規彦氏、今村仁美氏。そしてオーム社の方々には最後まで辛抱強くおつきあいいただきました。お詫びとともに感謝いたします。

　皆さんへのたくさんの感謝を込めて

　　2014 年　晩秋

　　　　　　　　　　　　　　　　　　　　　　　　　　　　　　小　泉　雅　生

掲載写真一覧

章	節	作品名	設計者名
■2章			
	2-1	合掌造り（飛騨高山）	
	2-2	ファンズワース邸	ミース・ファン・デル・ローエ
■3章			
	3-1	HOUSE　TM	小嶋一浩 / シーラカンス
	3-2	相模原の住宅	野沢正光建築工房
■4章			
	4-1	浜田山の家	吉村順三
	4-2	曽我部邸	曽我部昌史＋丸山美紀
	4-3	箱の家001	難波和彦＋界工作舎
	4-4	公営住宅51C型 （写真：蓮根団地 2DK55型）	
	4-5	トラス下の矩形	五十嵐淳建築設計
	4-6	小石川の住宅（私たちの家改修工事）	原設計：林 昌二・林 雅子 改修設計：安田 幸一
	4-7	ＩＳ邸	設計組織ADH　渡辺真理＋木下庸子
	4-8	原邸	原広司＋アトリエ・ファイ建築研究所
	4-9	聴竹居	藤井厚二
■5章			
	5-1	梅林の家	妹島和世建築設計事務所
	5-2	前川國男邸	前川國男
	5-3	ウィチタハウス	バックミンスター・フラー
	5-4	House SA	坂本一成研究室
■6章			
	6-1	臥竜山の家	西方設計＋室蘭工業大学鎌田研究室
	6-2	コンクリートルーバーの家	WAA ARCHITECTS
	6-3	屋根の家	手塚貴晴＋手塚由比 / 手塚建築研究所
	6-4	守谷の家	伊礼智設計室
	6-5	ナチュラルユニット	EDH遠藤設計室＋池田昌弘建築研究所
	6-6	山形エコハウス	羽田設計事務所 / アドバイザー：東北芸術工科大学、KEY ARCHITECTS
	6-7	私の家	清家清
	6-8	さんたろう館	安藤邦廣＋里山建築研究所

章	節	作品名	設計者名
■7章			
	7-1	上遠野邸	上遠野徹
	7-2	板橋のハウス	西沢大良建築設計事務所
	7-3	フィッシャー邸	ルイス・カーン
	7-4	十里木の別荘	八木敦司
	7-5	シュレイダー邸	ヘリット・リートフェルト
■8章			
	8-1	東京ガス磯子スマートハウス エスペランサ磯子	小玉祐一郎・東京ガス＋NTTファシリティーズ
	8-2	ハウス＆アトリエ・ワン	アトリエ・ワン
	8-3	我孫子の住宅 Kokage	末光弘和＋末光陽子/SUEP.
	8-4	亀山双屋	栗林賢次建築研究所
	8-5	風の間	芦澤竜一建築設計事務所
	8-6	スカイハウス	菊竹清訓
	8-7	BedZED	ビル・ダンスター
■9章			
	9-1	世田谷区深沢環境共生住宅	世田谷区＋市浦都市開発・岩村アトリエ共同企業体
	9-2	ミナガーデン	ナイス・飯田善彦建築工房、横河設計工房、ユー・アール・ユー総合研究所
■10章			
	10-1	アシタノイエ	小泉雅生＋メジロスタジオ
	10-2	創エネハウス	小泉雅生
	10-3	LCCM住宅デモンストレーション棟	LCCM住宅研究・開発委員会設計部会＋小泉アトリエ

参考文献

■ 1 章
　1-1 節
　　　1）佐々井啓編著：衣生活学＜シリーズ生活科学＞、朝倉書店（2000）
■ 2 章
　2-2 節
　　　2）落合邦彦・堀越哲美・田中稲子・是澤紀子：都市における神社緑地の都市気候に及ぼす影響、日本建築学会東海支部研究報告集（45）、一般社団法人日本建築学会（2007/2）
■ 3 章
　3-2 節
　　　3）Victor Olgyay：Design With Climates　Bioclimatic Approach to Architectural Regionalism、Princeton University Press（1963）
　　　4）野沢正光編著：環境と共生する建築、建築資料研究所（1993）
■ 4 章
　　　5）レイナー・バンハム著、堀江悟郎訳：環境としての建築－建築デザインと環境技術、鹿島出版会（1981）
　4-1 節
　　　6）JA 59 吉村順三、新建築社（2005）
　4-2 節
　　　7）小泉雅生他著：ハウジング・フィジックス・デザイン・スタディーズ、INAX 出版（2008）
　4-4 節
　　　8）石毛直道著：食卓文明論、中央公論新書（2005）
　4-6 節
　　　9）住宅の品質確保の促進等に関する法律（品確法）に基づく住宅性能表示における「高齢者等への配慮に関すること」等級 4
　　　10）住宅特集、2014 年 7 月号、新建築社
　　　11）原広司：建築の可能性、東西アスファルト事業協同組合講演会
■ 5 章
　5-1 節
　　　12）新建築、2004 年 3 月号、新建築社
■ 6 章
　6-1 節
　　　13）西方里見著：プロとして恥をかかないためのゼロエネルギー住宅のつくり方、エクスナレッジ（2013）
　　　14）日本住宅性能表示基準・評価方法基準技術解説（新築住宅）2010、（一財）日本建築センター

　6-4 節
　　　15）住宅特集、2010 年 5 月号、新建築社

6-5 節
    16）JA 37 住宅の構造、新建築社（2000）
6-6 節
    17）竹内昌義・馬場正尊著：未来の住宅　カーボンニュートラルハウスの教科書、バジリコ（2009）
6-7 節
    18）住まい学大系 080「私の家」白書 戦後小住宅の半世紀、住まいの図書館出版局（2000）
    19）住宅建築、2008 年 1 月号、建築資料研究所
6-8 節
    20）ろくろく第 6 号、里山建築研究所（2013/2）

■ 7 章
7-1 節
    21）上遠野徹著：建築家の清廉　上遠野徹と北のモダニズム、建築ジャーナル（2010）
7-2 節
    22）現代建築家コンセプト・シリーズ 10 西沢大良木造作品集 2004-2010、INAX 出版（2011）
7-3 節
    23）堀啓二：ルイス・カーンの開口部（LIXIL ARCHISCAPE ディテールの冒険 vol.7,8）
7-4 節
    24）住宅特集、1999 年 6 月号、新建築社
    25）国土交通省国土技術政策総合研究所・独立行政法人建築研究所監修：自立循環型設計ガイドライン、一般財団法人建築環境・省エネルギー機構

■ 8 章
8-4 節
    26）日経アーキテクチュア、2006 年 10 月 9 日号
8-6 節
    27）谷崎潤一郎著：陰翳礼賛、中央公論社（1995）

■ 9 章
    28）ジェームズ・マーストン・フィッチ論評選集　建築・保存・環境、鹿島出版会（2008）
9-1 節
    29）佐俣満夫：都市における地表温度の特性（その 1）、横浜市環境科学研究所報 19 号（1995）
9-2 節
    30）まちにひらいたこれからの住まい ヨコハマ型スマートハウス　MINA　GARDEN 十日市場　横浜市建築局住宅部住宅政策課（2014）

■ 10 章
10-3 節
    31）LCCM 住宅研究開発委員会編：LCCM 住宅の設計手法—デモンストレーション棟を事例として、建築技術（2012）

協力者一覧

本書の製作にあたって、図面、写真等をご提供くださいました方々です。なお、本文中にクレジットがされていない方々についてのみ掲載させていただいております。

章	節	頁	ご提供写真・図面	ご提供者
■4章				
	4-6	p.54	小石川の住宅（私たちの家改修工事）の写真	安田幸一
	4-8	p.62	原邸の写真	小嶋一浩
■6章				
	6-1	p.90	臥竜山の家の写真	西方里見
		p.92	熱橋の写真	須永修通
	6-2	p.96	ダイレクトゲインの写真	高瀬幸造
	6-5	p.106	ナチュラルユニットの写真	遠藤政樹
	6-6	p.110	山形エコハウスの写真	竹内昌義
	6-8	p.118	さんたろう館の写真	安藤邦廣
		p.120	木材のCO_2原単位のグラフ	伊香賀俊治
■7章				
	7-4	p.136	十里木の別荘の写真	八木敦司
■8章				
	8-3	p.157	水冷式輻射冷房システムの図面	SUEP.
	8-4	p.158	亀山双屋の写真	松岡昭三
		p.161	亀山双屋の図面	栗林賢次

〈著者略歴〉

小泉 雅生（こいずみ まさお）

1986 年　東京大学大学院在学中にシーラカンスを共同設立
1988 年　同大学院修士課程修了
2001 年　東京都立大学大学院助教授（現：首都大学東京）
2005 年　小泉アトリエ設立
2010 年〜首都大学東京大学院都市環境科学研究科建築学域教授、博士（工学）

＜主な作品と受賞歴＞

2004 年　「アシタノイエ」／第 2 回サステナブル住宅賞国土交通大臣賞受賞、日本建築学会作品選奨
2005 年　「戸田市立芦原小学校」／平成 20 年日本建築士会連合会賞奨励賞
2009 年　「千葉市美浜文化ホール・保健福祉センター」／第 13 回公共建築賞 優秀賞
2009 年　「象の鼻パーク／テラス」／第 55 回神奈川建築コンクール 優秀賞、第 22 回 AACA 賞 優秀賞
2009 年　「ENEOS 創エネハウス」／2009 年度グッドデザイン賞
2011 年　「LCCM 住宅デモンストレーション棟」

＜主な著書＞

『ハウジング・フィジックス・デザイン・スタディーズ』共著、INAX 出版（2008）
『環境のイエ』学芸出版社（2010）
『住宅の空間原論』共著、彰国社（2011）
『LCCM 住宅の設計手法 ― デモンストレーション棟を事例として ―』共著、建築技術（2012）
『健康に暮らす住まい 9 つのキーワード 設計ガイドマップ』共著、建築技術（2013）
『パブリック空間の本』共著、彰国社（2013）

- 本書の内容に関する質問は、オーム社開発部「＜書名を記載＞」係宛、E-mail（kaihatu@ohmsha.co.jp）または書状、FAX（03-3293-2825）にてお願いします。お受けできる質問は本書で紹介した内容に限らせていただきます。なお、電話での質問にはお答えできませんので、あらかじめご了承ください。
- 万一、落丁・乱丁の場合は、送料当社負担でお取替えいたします。当社販売課宛にお送りください。
- 本書の一部の複写複製を希望される場合は、本書扉裏を参照してください。

JCOPY ＜(社)出版者著作権管理機構 委託出版物＞

住宅設計と環境デザイン

平成 27 年 1 月 20 日　　第 1 版第 1 刷発行

著　者　小 泉 雅 生
企画編集　オーム社 開発局
発 行 者　村 上 和 夫
発 行 所　株式会社 オーム社
　　　　　郵便番号　101-8460
　　　　　東京都千代田区神田錦町 3-1
　　　　　電話　03(3233)0641(代表)
　　　　　URL　http://www.ohmsha.co.jp/

© 小泉雅生 2015

組版　トップスタジオ　　印刷・製本　日経印刷
ISBN978-4-274-05063-3　Printed in Japan